Leben.Lieben.Arbeiten **SYSTEMISCH BERATEN**

Herausgegeben von
Jochen Schweitzer und
Arist von Schlippe

Saskia Erbring

Systemische Beratung für eine inklusivere Gesellschaft

Vandenhoeck & Ruprecht

Mit 14 Abbildungen und 3 Tabellen

Bibliografische Information der Deutschen Nationalbibliothek:
Die Deutsche Nationalbibliothek verzeichnet diese Publikation in der
Deutschen Nationalbibliografie; detaillierte bibliografische Daten sind
im Internet über https://dnb.de abrufbar.

© 2022 Vandenhoeck & Ruprecht, Theaterstraße 13, D-37073 Göttingen,
ein Imprint der Brill-Gruppe
(Koninklijke Brill NV, Leiden, Niederlande; Brill USA Inc., Boston MA, USA;
Brill Asia Pte Ltd, Singapore; Brill Deutschland GmbH, Paderborn, Deutschland;
Brill Österreich GmbH, Wien, Österreich)
Koninklijke Brill NV umfasst die Imprints Brill, Brill Nijhoff, Brill Hotei,
Brill Schöningh, Brill Fink, Brill mentis, Vandenhoeck & Ruprecht, Böhlau,
V&R unipress.

Alle Rechte vorbehalten. Das Werk und seine Teile sind urheberrechtlich
geschützt. Jede Verwertung in anderen als den gesetzlich zugelassenen Fällen
bedarf der vorherigen schriftlichen Einwilligung des Verlages.

Umschlagabbildung: jjhill/stock.adobe.com

Satz: SchwabScantechnik, Göttingen
Druck und Bindung: ⊕ Hubert & Co. BuchPartner, Göttingen
Printed in the EU

Vandenhoeck & Ruprecht Verlage | www.vandenhoeck-ruprecht-verlage.com

ISSN 2625-6088
ISBN 978-3-525-40806-3

Inhalt

Zu dieser Buchreihe 7
Vorwort von Arist von Schlippe 9

I Der Kontext
- Fallgeschichte: »Inklusion, ja – aber ...« 14
  Die UN-Menschenrechtskonvention und die Ausgangslage
  schulischer Inklusion in Deutschland 16
      Das Prinzip egalitärer Differenz 16
      Von der Unkenntnis und Unkenntlichkeit des
      Inklusionsbegriffes 18
      Sonderpädagogische Unterstützung im systemischen
      Verständnis 23
      Rekontextualisierung als Stolperstein der Inklusion 26

II Die systemische Beratung
- Fallgeschichte: »Und wenn ich nur auf die Hindernisse schaue,
  dann kann ich mich nicht mehr mit der Aufgabe beschäftigen« 32
  Methode und Analyse des Beratungsprozesses 44
      Fünf Positionen einer systemische Strukturaufstellung
      zur Inklusion 44
      Kurzanalyse des Beratungsprozesses 48
- Fallgeschichte: »Irgendwann ist mal genug« 50
  Salutogenese und Resilienz: Anregungen der Gesundheits-
  forschung zur Umsetzung schulischer Inklusion 51
      Ansatzpunkt »Comprehensability« (Verstehbarkeit) 51
      Ansatzpunkt »Meaningfulness« (Bedeutsamkeit) 53

Ansatzpunkt »Manageability« (Machbarkeit) 54
Beratungsmethoden für Szenarien inklusiver Schulentwicklung 56
  Das Auftragskarussell 56
  Antreiber- und Erlaubersätze 60
Prozessgestaltung inklusiver Schulentwicklung 61
  Inklusive Schulentwicklung als U-Prozess 62
  Sieben Bausteine des U-Prozesses für die Umsetzung
  von Inklusion 62
  Die Lösungsparty 69
  Arbeit mit »Evolving Cases« in Großgruppen 71

III Am Ende

Inklusion als Komparativ 76
  Inklusiv(er)e Gesellschaften berücksichtigen Interaktionen
  und Relationen stärker als menschliche Einzeleigenschaften
  und (Problem-)Zuschreibungen 77
  Inklusiv(er)e Gesellschaften berücksichtigen Kontexte und
  Wechselwirkungen stärker als lineare Denkrichtungen 78
  Inklusiv(er)e Gesellschaften berücksichtigen Beziehungs-
  strukturen zwischen Systemelementen stärker als
  Einzelelemente 79
  Inklusiv(er)e Gesellschaften beobachten Regeln und Muster
  stärker als die als problematisch konnotierten Themen ... 79
Literatur 81
Materialien zum Thema Inklusion 84
Die Autorin 85

Zu dieser Buchreihe

Die Reihe »Leben. Lieben. Arbeiten: systemisch beraten« befasst sich mit Herausforderungen menschlicher Existenz und deren Bewältigung. In ihr geht es um Themen, an denen Menschen wachsen oder zerbrechen, zueinanderfinden oder sich entzweien und bei denen Menschen sich gegenseitig unterstützen oder einander das Leben schwer machen können. Manche dieser Herausforderungen (Leben.) haben mit unserer biologischen Existenz, unserem gelebten Leben zu tun, mit Geburt und Tod, Krankheit und Gesundheit, Schicksal und Lebensführung. Andere (Lieben.) haben mit unseren intimen Beziehungen zu tun, mit deren Anfang und deren Ende, mit Liebe und Hass, mit Fürsorge und Vernachlässigung, mit Bindung und Freiheit. Wiederum andere Herausforderungen (Arbeiten.) behandeln planvolle Tätigkeiten, zumeist in Organisationen, wo es um Erwerbsarbeit und ehrenamtliche Arbeit geht, um Struktur und Chaos, um Aufstieg und Abstieg, um Freud und Leid menschlicher Zusammenarbeit in ihren vielen Facetten.

Die Bände dieser Reihe beleuchten anschaulich und kompakt derartige ausgewählte Kontexte, in denen systemische Praxis hilfreich ist. Sie richten sich an Personen, die in ihrer Beratungstätigkeit mit jeweils spezifischen Herausforderungen konfrontiert sind, können aber auch für Betroffene hilfreich sein. Sie bieten Mittel zum Verständnis von Kontexten und geben Werkzeuge zu deren Bearbeitung an die Hand. Sie sind knapp, klar und gut verständlich geschrieben, allgemeine Überlegungen werden mit konkreten Fallbeispielen veranschaulicht und mögliche Wege »vom Problem zu Lösungswegen« werden skizziert. Auf unter 100 Buchseiten, mit etwas Glück an einem langen Abend oder einem kurzen Wochenende zu lesen, bieten sie zu dem jeweiligen lebensweltlichen Thema einen schnellen Überblick.

Die Buchreihe schließt an unsere Lehrbücher der systemischen Therapie und Beratung an. Unsere Bücher zum systemischen »Grundlagenwissen« (1996/2012) und zum »störungsspezifischen Wissen« (2006) fanden und finden weiterhin einen großen Leserkreis. Die aktuelle Reihe erkundet nun das »kontextspezifische Wissen« der systemischen Beratung. Es passt zu der unendlichen Vielfalt möglicher Kontexte, in denen sich »Leben. Lieben. Arbeiten« vollzieht, dass hier praxisbezogene kritische Analysen gesellschaftlicher Rahmenbedingungen ebenso willkommen sind wie Anregungen für individuelle und für kollektive Lösungswege. Um klinisch relevante Störungen, um systemische Theoriekonzepte und um spezifische beraterische Techniken geht es in diesen Bänden (nur) insoweit, als sie zum Verständnis und zur Bearbeitung der jeweiligen Herausforderungen bedeutsam sind.

Wir laden Sie als Leserin und Leser ein, uns bei diesen Exkursionen zu begleiten.

Jochen Schweitzer und Arist von Schlippe

Vorwort Arist von Schlippe

Es ist merkwürdig mit Begriffen. Manchmal schlummern sie jahre- bis jahrzehntelang in geistigen Schubladen. Man kennt sie, aber man nutzt sie nur selten. Und dann entsteht plötzlich eine Bewegung, die dem Begriff neue Bedeutungshorizonte erschließt und auf einmal ist er in aller Munde, durch vermehrten, vielfach auch durch offiziellen Gebrauch geadelt. Zeitgleich kann es geschehen, dass Gruppierungen beginnen, ihn ideologisch zu besetzen, während andere danach streben, sich davon abzusetzen. Und dann wird ein an sich harmloses Wort zum Gegenstand gesellschaftlicher Auseinandersetzungen.

Inklusion ist ein solches Wort. Eine Gesellschaft, die sich humanistischen Grundsätzen verbunden fühlt und anstrebt, das Recht auf selbstverständliche Teilhabe in den verschiedensten gesellschaftlichen Feldern von Schule über Arbeitswelt bis hin in das öffentliche Leben durchzusetzen, richtet ihre Aufmerksamkeit natürlich gerade auf die Menschen, denen all dies nicht selbstverständlich gelingt.

Es liegt dann in der Natur der Sache, dass die Verwirklichung derartiger Zielvorstellungen entsprechende Anstrengung erfordert, es geht eben nicht »wie von selbst«. Und es ist nachvollziehbar, dass diejenigen, die als Fachkräfte aufgefordert sind, diese Bemühungen auf sich zu nehmen, sich damit alles andere als leichttun. Noch eine weitere Aufgabe, eine große und schwierige zudem – und so wird der Begriff mit Mühe und Überforderung besetzt und schließlich mit Vergeblichkeit assoziiert: »Das geht nicht, das geht so nicht, das geht bei uns nicht ...«

Es ist erklärtes Ziel der Autorin dieses Buchs, hier zu ermutigen. Inklusion soll kein abstrakter und damit unerreichbarer Idealbegriff sein. Das große Etikett wird durch den Komparativ handhabbarer: Wo immer man auch beginnt, es ist möglich, »inklusiver*er*« zu werden – und sei es nur ein wenig. Kleine Schritte führen aus Problemtrance und Stillstand heraus, wenn man beginnt loszugehen. Dann fallen Ressourcen ins Auge, dann können mit Unterstützung Hindernisse optimistisch angegangen werden, dann kann es sogar Spaß machen, neue Wege zu beschreiten.

Lassen Sie sich, liebe Leserin, lieber Leser anstecken von dem optimistischen Blick auf die neuen Möglichkeiten, die ein systemisch*er*er Zugang eröffnet. Eine solidarische Gesellschaft wird immer ein nie ganz erreichbares Ziel bleiben, doch wir können daran hier und jetzt mitwirken, dass sie solidarisch*er* wird.

Arist von Schlippe

Der Kontext

Fallgeschichte: »Inklusion, ja – aber ...«

Die Grundschulleiterin Frau Beyer nimmt an einer Fortbildung mit dem Schwerpunkt Inklusion teil. Das systemische Qualifizierungskonzept enthält regelmäßig stattfindende Beratungssitzungen in kleinen Gruppen mit zehn Personen. Die daran teilnehmenden Schulleiterinnen und Schulleiter arbeiten an unterschiedlichen Schulformen. Die Dauer der Leitungserfahrung der Teilnehmenden variiert ebenso wie deren Auseinandersetzung mit inklusionsorientierten pädagogischen und organisatorischen Schulkonzeptionen.

Frau Beyer bringt ihr Anliegen ein: »Seit acht Jahren leite ich die Grundschule am Berg[1] und wir haben es jahrelang geschafft, die Inklusion von uns fernzuhalten. Wir haben einfach keine Kapazitäten dafür und die Eltern unserer Kinder sind auch dagegen. Dann hat uns die Stadt verdonnert und es waren schon direkt eine ganze Reihe Inklusionskinder[2] angemeldet. Nun sind wir also inklusiv, aber es klappt vorne und hinten nicht. Wir haben überhaupt keine Sonderpädagogen. Es ist so absurd, es wurde für keines der Kinder eine Diagnostik veranlasst, die haben alle keinen offiziellen Förderbedarf. Ich habe auch schon erfahren, dass es bei uns in der Gegend sowieso kein verfügbares Sonderpädagogikpersonal gibt. Vor einiger Zeit habe ich mich mit einer Bekannten kurzgeschlossen, die an einer Förderschule arbeitet. Die hat eigentlich auch das Gleiche gesagt wie wir. Es ist total unsinnig, was sollen die Kinder bei uns ohne Fachkräfte? Und aus ihrem Kollegium wehren sich auch alle mit Händen und Füßen gegen die Inklusion, die wollen alle an der Förderschule blei-

---

1 Namen und Orte wurden zum Schutz der Betroffenen geändert sowie inhaltliche Hinweise zu Fällen und Zusammenhängen verfremdet.
2 Zur Formulierung »Inklusionskinder« siehe Kapitelabschnitt »Rekontextualisierung als Herausforderung im Kontext von Inklusion«, S. 26.

ben. Und wir sollen also Inklusion machen. Ohne Förderschullehrkräfte und ohne Kapazitäten.«

Über die Frage der Supervisorin, ob sie ihr Thema mit einer bestimmten Intention oder Zielsetzung in die Beratungssitzung einbringe, denkt Frau Beyer kurz nach und äußert dann: »Ja, ich komme mit meinem Latein nicht weiter. Die Kinder sind da, ich bin die Schulleiterin und trage Verantwortung, dass der Laden läuft. Tut er aber nicht. Wenn mir jetzt die ganzen Eltern der leistungsstarken Kinder weggehen, dann habe ich nur noch die Problemkinder da.«

Nach einer weiteren kurzen Pause fährt sie fort: »Das Ziel von heute wäre für mich zunächst einmal zu klären, wo ich in Bezug auf das Thema Inklusion überhaupt stehe. Ich habe ja nichts gegen die Kinder, aber ich möchte auch kein unsinniges Konzept an meiner Schule vertreten.«

Mit Unterstützung der Gruppe formuliert Frau Beyer folgende Zielsetzung für die Beratungssitzung: »Wie kann meine Schule eine inklusive Schule werden, die ich leiten will und kann?«

Das hier zitierte Fallbeispiel weist auf eine typische Ausgangslage an Schulen hin. Bevor das Fallbeispiel weitergeführt und der Beratungsprozess skizziert wird, sollen einige Aspekte und Hintergründe zur Inklusion in der deutschen Bildungslandschaft genauer betrachtet werden.

Die UN-Menschenrechtskonvention und die Ausgangslage schulischer Inklusion in Deutschland

Die angestrebten schulischen Veränderungen im Kontext von Inklusion basieren auf der Grundlage der UN-Menschenrechtskonvention. Einige zentrale Aspekte werden im Folgenden erläutert.

Das Prinzip egalitärer Differenz

Der Vorstellung einer inklusiven Gesellschaft liegt das normative Prinzip der egalitären Differenz zugrunde. Die damit verbunden Vorstellung beinhalt die Forderung nach uneingeschränkter Wertschätzung und Akzeptanz von Differenz (Prengel, 1993). Die in einer Gesellschaft verfolgten Ziele im Hinblick auf Inklusion sind daher, auch dem wissenschaftlichen Diskurs folgend, gesellschaftliche Teilhabemöglichkeiten zu schaffen und zu vermehren (Booth u. Ainscow, 2002; Budde u. Hummrich, 2015; Hinz 2002; 2013). Einerseits kann also die besondere Berücksichtigung und Erfassung sozialer Ungleichheitskategorien wie beispielsweise Behinderung, Geschlecht oder Ethnizität notwendig sein, um Unterstützungsangebote für Menschen zu sichern, die von gesellschaftlichem Ausschluss bedroht sind. Andererseits erscheint die Dekonstruktion sozialer Ungleichheit bzw. sozialer Ungleichheitskategorien erstrebenswert.

Trotz der Fundierung von Inklusion auf Grundlage der UN-Menschenrechtskonvention (United Nations, 2006), braucht dieses normative Prinzip auch eine ethische Legitimation (Dederich, 2013). Im Rahmen des Prinzips der egalitären Differenz steht das Verhältnis von Gleichheit und Verschiedenheit im Zentrum. Hieraus ergeben sich, bezogen auf das Bildungs- und Sozialsystem, eine

Vielzahl offener Fragen, beispielsweise nach den Teilhabemöglichkeiten an Prozessen der demokratischen Willensbildung sowie der gerechten Verteilung von materiellen und nichtmateriellen Gütern und Ressourcen. Inklusion wäre damit nicht nur eine Forderung nach Teilhabemöglichkeiten, sondern auch nach Anerkennung und Gerechtigkeit.

Mit Sander (2002) verzeichnet das deutsche Schulwesen vier Entwicklungsschritte: Exklusion, Segregation, Integration, Inklusion.

1. So gab es in Deutschland erst ab den 1960 Jahren für alle Schüler:innen den Zugang zu schulischer Bildung. Die Befreiung von der allgemeinen Schulpflicht aufgrund schwerer Beeinträchtigungen (Exklusion) gibt es seither nur noch in Ausnahmefällen. Aus Perspektive der Inklusionsentwicklung lässt sich daher mit Sander ein erster Entwicklungsschritt verzeichnen.
2. Der Ausbau des Förderschulwesens parallel zum Regelschulwesen erfolgte im deutschen Schulwesen hauptsächlich unter der Logik der Segregation, also in getrennten Schulformen. Der sonderpädagogische Unterstützungsbedarf hatte konsequenterweise die Zuweisung der Schüler:innen an eine Förderschule zur Folge.
3. Als nächster Entwicklungsschritt in Richtung Inklusion gilt die Integration, also die vereinzelt stattfindende Aufnahme von Schüler:innen mit Förderbedarf in Regelschulen. Dies erfolgte oftmals in Form von Schulversuchen.
4. Mit der Ratifizierung der UN-Menschenrechtskonvention setzt sich schließlich das Konzept und die Begrifflichkeit der Inklusion durch. Der Inklusionsbegriff wird international verwendet und betont die selbstverständliche Teilhabe und das Vorhandensein von Vielfalt in der schulischen Bildungslandschaft.

Als potenziell fünfter Schritt, nachfolgend zur Ära der Inklusion, wird von Sander in Aussicht gestellt, dass Schulen für die dort vorgefundene Heterogenität keinen eigenen Begriff mehr benötigen und eine allgemeine Pädagogik alle Schüler:innen mit einschließt. Die Unterscheidung zwischen Inklusion und Exklusion hilft dabei, verschiedene Mechanismen von Teilhabe und Ausschluss zu beobachten. Inklusion wird damit zu einem relationalen, gesellschaftlichen Verhältnis und zum Gegenpart von Exklusion (Budde, Blasse u. Johannsen, 2017). Über Inklusion lässt sich nicht nachdenken, ohne ihren Gegenpol, die Exklusion, ebenfalls mitzudenken. Damit entsteht ein interdisziplinärer und intersektionaler Zugang zur Thematik (Stichweh, 2005; Budde u. Hummrich, 2015), der in diesem Band unter Einbezug des Verständnisses systemischer Beratung genutzt und an manchen Stellen erweitert wird.

Von der Unkenntnis und Unkenntlichkeit des Inklusionsbegriffes

Hinz (2013) verweist in einem Aufsatz mit einem kritischen Rückblick auf die Geschichte des Inklusionsbegriffes darauf, dass dieser innerhalb einer kurzen Zeitspanne zunehmend unkenntlicher geworden sei. Zwar sei der Inklusionsbegriff seit Ratifizierung der UN-Menschenrechtskonvention bekannt, ein einheitliches Verständnis von Inklusion sei jedoch in der deutschen Gesellschaft nicht erreicht. Dies liegt einerseits an der Vielfalt betroffener Bezugsdisziplinen, andererseits an fehlenden Verknüpfungen inklusionsorientierter Grundgedanken in die vielfältigen Praxisfelder hinein. Und letztlich fordert Inklusion die betroffenen Fachpersonen auch immer wieder zur Selbstreflexion auf: Welchen eigenen Anteil sieht jede und jeder am Aufbau und an der Beibehaltung von Barrieren, die Teilhabe und damit eben auch Inklusion verhindern? Ziel der Diskussion ist es, die Aufmerksamkeit für Gestaltungsmöglichkeiten im konkreten Alltag zu schärfen. Ein solches Verständnis von Präsenz rückt das eigene Denken, Fühlen und Wollen in den Blick (Scharmer, 2018).

Neben ethischen, pädagogischen und politischen Bezügen finden sich demokratietheoretische, menschenrechtsbasierte und ökonomische Argumentationslinien (Budde et al., 2017). Der Inklusionsbegriff berührt auch zahlreiche gesellschaftliche und organisationale Schnittmengen. Formalisierte Abläufe müssen sich verändern, damit sind Verwaltungsstrukturen und organisationale Strukturen betroffen. Die Reflexion mentaler Barrieren, also Vorurteile oder Praktiken des Umgangs mit Vielfalt, beinhalten Leitungs- und Teamentwicklungsaufgaben – wie werden diesbezügliche Veränderungen in einzelne Abteilungen transportiert, inwiefern lassen sich Antidiskriminierung, Zugangs- und Teilhabemöglichkeiten in Teamsitzungen etablieren und welche Feedbackmöglichkeiten sind geeignet, um inklusive Organisationen zu entwickeln? Zugleich wirft die Ausweitung von Zuständigkeiten und pädagogischer Verantwortlichkeiten für die professionell Tätigen Fragen nach zusätzlichen Qualifizierungen auf.

Bei der Betrachtung schulischer Ausgangslagen fällt auf, dass der Auftrag, sich zu inklusiven Schulen zu entwickeln, oft als Auftrag erlebt wird, der »von außen« an die Schulen herangetragen wird. So haben im Nachgang zur Ratifizierung der UN-Menschenrechtskonvention vor mehr als zehn Jahren die notwendig gewordenen schulpolitischen und schulrechtlichen Veränderungen erst wesentlich später die Schulpraxis erreicht. An deutschen Schulen finden noch immer zu wenig der geforderten inklusionsorientierten Prozesse statt, die erforderlichen Standards wurden deutschlandweit nicht erreicht. Das Deutsche Institut für Menschenrechte verweist daher für Deutschland im Hinblick auf die Etablierung eines inklusiven Schulsystems auf erhebliche Mängel und verzeichnet eine »ernüchternde Stagnation« (Aichele u. Kroworsch 2017, S. 3).

Wenn es um die Einführung schulischer Neuerungen geht, haben natürlich dienstliche Anweisungen deutliche Nachteile gegenüber Umsetzungsstrategien, die innerschulisch entwickelt werden. Denn die aktive Mitarbeit an Schulentwicklungsthemen fällt bei externen Vorgaben schwächer aus. Schulinternes Engagement ist jedoch eine zentrale Bedingung für das Gelingen von Schulentwicklungsprozessen. Leider werden in vielen Kollegien die Gestaltungsmöglichkeiten eher unterschätzt und die Schule als »unselbständige Einrichtung einer staatlichen Kultusbürokratie« (Zech, 2013 S. 1) wahrgenommen. Konkrete Beispiele aus Einzelschulen machen jedoch sehr deutlich, dass inklusive Schulentwicklung an staatlichen Schulen selbstständig gedacht und erfolgreich umgesetzt werden kann (Stähling u. Wenders, 2009; siehe auch im Materialteil am Ende des Buchs den Hinweis auf den Film »Klassenleben«, 2005).

Die von der Schulleiterin Beyer im Fallbeispiel oben geäußerten Bedenken zur Umsetzung schulischer Inklusion lassen sich auf ihrer inhaltlich-argumentativen Ebene betrachten. Die vorgebrachten Argumente, wie fehlende externe Ressourcen, führen zu der Meinung, schulische Neuerungen seien praktisch einfach nicht umsetzbar. Diese Meinung wird nicht nur von schulischen Akteur:innen vertreten, hier schließen sich häufig auch Eltern mit an. Auch an Förderschulen werden diese Argumente genannt, um auf die besseren Voraussetzungen an Förderschulen gegenüber der Inklusion an Regelschulen zu verweisen und Eltern dafür zu gewinnen, ihre Kinder an der Förderschule einzuschulen. Einzig die Eltern sind mit Inklusionswünschen für ihre Kinder oft diejenigen, die Inklusionsprozesse trotz des Mangels an personeller und materieller Voraussetzung an Regelschulen für grundsätzlich wünschenswert und möglich halten (z. B. NRW Bündnis »Eine Schule für alle«, siehe Materialteil am Ende dieses Buches).

Nun sind verbale und nonverbale Gegenargumente und aktive und passive Verhaltensweisen auch regelmäßig Ausdrucksformen von Widerstand gegen organisationale Veränderungsprozesse (Doppler u. Lauterburg, 2012): Verbaler Widerstand äußert sich demnach in Argumentationen, in Form von Vorwürfen oder Drohungen. Er zeigt sich jedoch auch im Ausweichen und dem Debattieren über Unwichtiges, im lächerlich machen des Themas oder im Schweigen. Cliquenbildung, Unruhe und Streit sind Hinweise auf Widerstand. In Form von Rückzugstendenzen können auch Lustlosigkeit, Unaufmerksamkeit und Krankheit Ausprägungen von Widerstand sein. Es scheint somit relevant, emotionale Prozesse im Zuge organisationaler Veränderungen genauer zu betrachten.

Nach einem kurzen Schreckmoment sind Abwehrhaltung und Ärger über schulische Neuerungen erwartbare Reaktionen auf Veränderungsimpulse, die von außen herangetragen werden. Das bekannte und altbewährte wird gegenüber einem neuen und vielfach bedrohlich erlebten Modell als vorteilhafter erlebt. In der Überzeugung, das Neue könne damit abgewehrt werden, wird die (Mehr-)Leistung des Alten nach außen hin vertreten. Tatsache ist, dass es an vielen Regelschulen zu einer deutlichen Distanzierung zum Thema Inklusion kommt, während Förderschulen vermehrt um Schüler:innen werben. Ein von Roth vorgestelltes Phasenmodell (in Hinz, 2013) zeigt, dass sich bei den schulischen Akteur:innen mit ausbleibendem Erfolg der Abwehr eine rationale und schließlich emotionale Akzeptanz der Veränderung einstellt. Erst nach der Trauer über den Verlust des Alten kann eine Neuerung im System umgesetzt werden, da dann erst die proaktive Auseinandersetzung mit der Neuerung zu erwarten ist. In einer abschließenden Phase des Veränderungsprozesses bzw. der Implementierung der Neuerung werden schließlich einige Aspekte im alten und neuen Modell miteinander verbunden, wodurch Neuerungen letztlich ein qualitativ höheres Leistungsniveau im Hinblick auf berufliche Aufgabenstellungen erringen (können).

Wenn man diese allgemeinen Gedanken auf das Thema Inklusion

übertragt, würde erst in einer späten Phase inklusiver Schulentwicklung von Organisationsangehörigen erkannt werden, dass und wie die eigenen vorhandenen Fähigkeiten und das Vorwissen zur Umsetzung von Inklusion in den Schulentwicklungsprozess eingebracht werden könnten. Die Erwartung, dass dies bereits sehr viel früher der Fall wäre, ist wohl eher unrealistisch. Der Zeitfaktor und ein Abschied vom alten System sollten daher im Veränderungsprozess berücksichtigt werden, damit möglichst viele Personen diesen mitgestalten können und den Beteiligten unnötige Reibungsverluste erspart bleiben. Auf die spezifische Ausgangslage der Schulleitungen bezogen lassen sich zwei unterschiedliche Haltungen gegenüber den anstehenden Veränderungsprozessen unterscheiden: Die (noch) skeptisch gegenüber Inklusion eingestellten Schulleitungen und diejenigen, welche sich dem Thema gegenüber (bereits) offen zeigen (Amrhein, Badstieber, Janzen u. Wotschel, 2018).Skeptisch gegenüber schulischer Inklusion eingestellte Schulleitungen delegieren die Umsetzung von Inklusion an einzelne Lehrkräfte und Klassen. Statt die schulischen Gestaltungsmöglichkeiten auszunutzen, passen sie Veränderungen in das bestehende System und in die entsprechenden Praktiken und Strukturen ein. Sie beziehen sich bei Inklusion überwiegend auf sonderpädagogische Förderbedarfe statt schulische Lehr-Lern-Settings insgesamt zu überdenken und zu verbessern. Insgesamt fühlen sie sich in ihrer administrativ-organisatorischen Funktion eher überlastet.

Schulleitungen mit Offenheit gegenüber Inklusion berichten hingegen mehrheitlich von einem hohen Zugewinn an Anerkennung, Berufszufriedenheit und Entlastung.

An diesen Schulen fällt auf, dass vorhandene Ressourcen, z. B. Personal, Materialien und Räume, flexibel und im Sinne der Inklusion genutzt werden.

Berücksichtigt man nun noch, dass nicht nur die Schulleitung, sondern das gesamte Kollegium sowie die Elternschaft und natürlich auch die Schüler:innen mit den stattfindenden Umbrüchen beschäftigt sind, so wird deutlich, dass es eine breit gefächerte Vielfalt emotionalen Erlebens an Schulen gibt, die mit Inklusion beschäftigt sind. Entsprechend bilden sich Koalitionen ähnlich gestimmter Akteur:innen, die sich wiederum gegenüber anderen abgrenzen. Bereits mit diesen kleinen Einblicken in die schulischen Inklusionsprozesse wird deutlich, dass systemische Beratung hier einen wichtigen Beitrag zur internen Klärung und Abstimmung leisten kann.

Sonderpädagogische Unterstützung im systemischen Verständnis

Natürlich behalten an inklusiven Schulen die Schüler:innen mit besonderem Unterstützungsbedarf Angebote, die deren individuellen Bedürfnissen angepasst sind. Dabei steht die Möglichkeit von Teilhabe im Vordergrund. So spielt innerhalb einer Klasse manchmal die Unterscheidung zwischen Schüler:innen mit und ohne sonderpädagogischem Förderbedarf keine Rolle, und es treten andere Unterscheidungen in den Vordergrund wie Gender, Vorwissen oder Interesse. Der Unterstützungsbedarf bestimmt sich im Sinne der Inklusion daher vorrangig situationsangemessen: Es gibt Situationen im Unterricht, in denen keine zusätzliche Unterstützung notwendig ist. Und es gibt Unterrichtssituationen, in denen auch Schüler:innen ohne sonderpädagogischen Förderbedarf Unterstützung benötigen. Diese Prämissen orientieren sich an der International Classification of Functioning and Health (ICF) zur Feststellung von Unterstützungsbedarfen. So werden im ICF ressourcenorientierte Begriffe verwendet: Statt Schädigung werden Körperstruktur und Körperfunktionen genannt; statt Behinderung wird Aktivität betrachtet; statt Benachteiligung wird Teilhabe fokussiert:

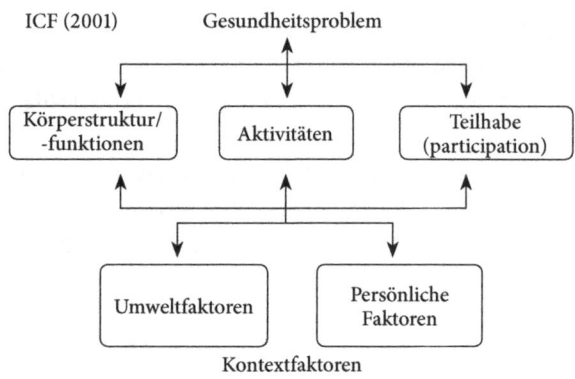

Abb. 1: International Classification of Functioning and Health nach WHO (2013) (eigene Darstellung)

Ob und inwiefern überhaupt eine Problematik besteht, wird aus der Beurteilung dieser und weiterer Aspekte erst abgeleitet. Als Kontextfaktoren und mögliche Ressourcen spielen dabei Umweltfaktoren und persönliche Faktoren eine Rolle. Umweltfaktoren sind Technologien und medizinische Hilfsmittel, aber auch soziale Unterstützung und Beziehungen. Personenbezogene Faktoren sind beispielsweise Geschlecht, Bewältigungsstile und biografische Aspekte. Im Verständnis des ICF ist demnach eine funktionale Einschränkung ohne Einschränkung der Leistungsfähigkeit möglich: Technische Hilfsmittel (z. B. ein Rollstuhl) können Einschränkungen in bestimmten Anforderungsfeldern soweit kompensieren, dass keine Benachteiligung stattfindet. Der Fokus auf Teilhabe macht dies realisierbar.

Letztlich kann die durchgehende Kategorisierung eines Menschen über das Merkmal Unterstützungsbedarf Teilhabe verhindern, sie hält an der sogenannten »Zwei-Gruppen-Theorie« fest, der zufolge grundsätzlich zwischen Schülern:innen mit und ohne Förderbedarf unterschieden wird. Dies zeigt sich in der Verwendung bestimmter

Vokabeln, z. B. Inklusionskinder oder I-Schüler:innen. Insgesamt wird in Anlehnung an fortgeschrittenere Inklusionskonzepte geraten, den Unterstützungsbedarf eher bei den Lehrkräften statt bei den Schüler:innen zu verorten und die Frage zu stellen, wann Lehrkräfte in welcher Form einen Unterstützungsbedarf benötigen und wohin sie sich diesbezüglich wenden können.

Es gibt immer wieder Hinweise darauf, dass ein defizitär gelenkter Blick als prägendes Muster zur Konstruktion von Behinderung führt. So äußert eine Schülerin im Gespräch zum Thema: »Ich hab' am Anfang gedacht, dass eine Person, die ich komisch fand, eins der Kinder ist.« Abweichung vom eigenen Normverständnis im Sinne des »Komisch-Seins« wird somit umgehend zum Ausgangspunkt für Zuschreibungsprozesse im Sinne einer Zwei-Gruppen-Theorie mit der Unterscheidung zwischen behindert und nicht behindert. Genau hier will das Verständnis von Inklusion mit der UN-Menschenrechtskonvention im Artikel 8 aufmerksam machen. Inklusion bedeutet, eine positive Haltung in Bezug auf die Fähigkeiten und den Beitrag von Menschen mit Behinderung einzunehmen:

**UN-Menschenrechtskonvention
über die Rechte von Menschen mit Behinderungen**

Artikel 8 Bewusstseinsbildung

(1) Die Vertragsstaaten verpflichten sich, sofortige, wirksame und geeignete Maßnahmen zu ergreifen, um (…) Klischees, Vorurteile und schädliche Praktiken gegenüber Menschen mit Behinderungen einschließlich aufgrund des Geschlechts oder des Alters, in allen Lebensbereichen zu bekämpfen;

(2) (…) das Bewusstsein für die Fähigkeiten und den Beitrag von Menschen mit Behinderungen zu fördern.

Abb. 2: Eigene Darstellung nach United Nations (2006)

Rekontextualisierung als Stolperstein der Inklusion

Mit dem Begriff der Rekontextualisierung wird die organisationale Trägheit beschrieben, welche in Organisationen dafür sorgt, dass Innovationsimpulse an das bestehende System angepasst werden und damit ihre Kraft verlieren – dies lässt sich am Beispiel schulischer Inklusion gut zeigen (Amrhein, 2011). Die UN-Konvention (2006) über die Rechte von Menschen mit Behinderungen wurde im Jahr 2008 von Deutschland ratifiziert. Dies bildete den zentralen Anstoß für die schulischen Veränderungen zur Inklusion in den deutschen Bundesländern. In der Konvention ist es insbesondere der Artikel 24 (Bildung), der die Verpflichtung beinhaltet, Menschen mit Behinderungen innerhalb des allgemeinen Bildungssystems zu beschulen.

Eine Zeitschrift der Gewerkschaft Erziehung und Wissenschaft (GEW) zeigte vor einigen Jahren im Titelbild ein Schulportal über dem das Wort Regelschule stand. Vor dem Schulportal sitzt ein Kind im Rollstuhl und liest folgende Textzeile auf den Eingangsstufen ohne Rampe vor: »Ja, aber …« In Bezug auf die mit Ratifizierung der UN-Menschenrechtskonvention angestoßenen Inklusionsprozesse an Schulen passt dieses Bild gut. Denn in der Tat gibt es zahlreiche Probleme der Umsetzung schulischer Inklusion. Auch wenn Schulleitungen eine tragende Rolle in Schulentwicklungsprozessen haben, sind auch sie nicht in der Lage, die Ausgangslagen der Einzelschulen entsprechend der Erfordernisse aufzubereiten. Aufgrund der Rekontextualisierung der eigentlich in den Blick genommenen Ziele wird eine Innovation nur partikulär wirksam und in ihrer Gesamtbedeutung möglicherweise sogar gänzlich unkenntlich. Als Rekontextualisierungsstrategien gelten bei dem Beispiel Inklusion die Aussonderung von Schüler:innen mit besonderen Unterstützungsbedarfen in separate Räume (sog. Inklusionsräume oder Inklusionsklassen). Im Grunde genommen handelt es sich dann um die Beibehaltung der

Logik der Regelschule. Dies erscheint schulintern zunächst als Vorteil, da kaum ein großer Aufwand damit verbunden zu sein scheint. Jedoch geht die Aufwand-Nutzen-Rechnung nicht auf und erweist sich letztlich als Nachteil (abgesehen davon, dass sie dem Geist der UN-Menschenrechtskonvention widerspricht): An vielen Regelschulen befinden sich zu wenig Lehrende, um diese Strategie wirksam werden zu lassen. Die Folge ist ein gesteigerter Unmut und in den Kollegien werden Aufgaben und Verantwortlichkeiten so lange hin und her geschoben, bis eine erneute Beschäftigung mit der Thematik unvermeidbar ist.

Organisationstheoretisch betrachtet sind etablierte Strukturen und Abläufe zur Bearbeitung der an die Organisation delegierten Aufgaben sinnvoll. Die organisationsinternen Abläufe reduzieren Entscheidungsunsicherheiten, detaillierte Einzelentscheidungen müssen nicht immer wieder neu getroffen werden (Simon, 2013). Das stützende und identitätsstiftende Organisationsgefüge dient der Orientierung, Alternativen und von den Gewohnheiten abweichende Entscheidungen treten in den Hintergrund. Doch es gibt auch einen Nachteil bei den etablierten Routinen: Schulen werden mit der Aufnahme von Schüler:innen mit besonderem Unterstützungsbedarf nicht automatisch inklusiv. Dies gilt stattdessen als Desegregation, also als eine suboptimale Form der Aufhebung von segregierender Beschulung; Schüler:innen mit besonderen Förderbedarfen werden zwar an der Regelschule aufgenommen, ein Paradigmenwechsel hin zur Inklusion jedoch nicht vollzogen (Hinz, 2013; Erbring, 2014).

In der systemischen Beratung wird angestrebt, auf einer Metaebene zu beobachten, was in Systemen passiert – d. h. Beobachtungen erster Ordnung auf eine zweite Beobachtungsebene zu heben – und damit bestimmte organisational festgelegte Entscheidungen (Unterscheidungen) beobachtbar zu machen (Luhmann, 1999). Dies erscheint besonders hilfreich, wenn Veränderungsprozesse anstehen.

Denn gerade dann, wenn die Organisation über gering ausgeprägte Selbstbeobachtungskräfte verfügt, kann sie nicht erkennen, dass ein veränderter Kontext (z. B. Inklusion) grundlegend neue Entscheidungen erfordert.

Eine Auswirkung der Rekontextualisierung kann auch die vornehmliche Konzentration auf sonderpädagogische Fachinhalte sein. So beziehen sich 45 % der Fortbildungen im Rahmen schulischer Inklusion auf die Vermittlung von Fachwissen zu sonderpädagogischer Förderung, aber nur 9 % auf inklusive Schulentwicklung und 24 % auf Unterrichtsgestaltung (Amrhein et al., 2018). Doch eine im Rahmen von Förderschulen entwickelte Sonderpädagogik kann die Anforderungen schulischer Inklusion nicht vollständig abdecken, da auch sie von Rekontextualisierungen betroffen ist, die sich auf das Förderschulwesen bezieht.

Somit birgt eine Konzentration auf sonderpädagogisches Fachwissen ebenfalls die Gefahr, ein unter Bedingungen von Segregation entwickeltes System sonderpädagogischer Förderung in die Regelschule zu verlagern. Wie beschrieben findet eine Beschulung im Sinne der Inklusion erst dann statt, wenn schulische Strukturen und die gesamte Schulpraxis am Paradigma der Teilhabe entwickelt werden. Kritische Stimmen sehen in der Desegregation also weniger eine Umsetzung von Inklusion als vielmehr eine Selbsterhaltungsstrategie der Sonderpädagogik und ihrer Zuständigkeitsbereiche (Hinz, 2013).

In einer bundesweiten Befragung von Schulleitungen zur Umsetzungsmöglichkeit von Inklusion äußerte sich die Hälfte zuversichtlich, während die andere Hälfte skeptisch oder unentschieden eingestellt ist (Badstieber, Amrhein, Oerke u. Waschke, 2017). Insbesondere fehlende externe Ressourcen, wie personelle, sachliche und räumliche Ressourcen werden von den umsetzungsskeptischen Schulleitungen als Begründung für ihre Haltung genannt. Die Befragten nannten vor allem externe Ressourcen, also zusätzliches Personal, zusätzliche

Materialien und zusätzliche Räume. Wesentlicher sind aber die internen Ressourcen, also die veränderte Nutzung vorhandenen Personals, vorhandener Materialien und vorhandener Räume. Die Unterscheidung zwischen internen und externen Ressourcen ist in vielerlei Hinsicht relevant. So könnte zum Beispiel auch eine lösungsorientierte Haltung als Ressource angesehen werden und im Schulkollegium Initiativen und Ideen wecken. Ebenso bietet die Entwicklung neuer Einsatzmöglichkeiten vorhandenen Materials oder kreativer Konzepte zur Raumnutzung vielfältige Möglichkeiten zur Umsetzung von Inklusion (Booth u. Ainscow., 2002; Erbring, 2016).

Die bisherigen Überlegungen zum Spannungsfeld Desegregation und Inklusion werden hier noch einmal kontrastierend in Tabelle 1 gegenübergestellt (Hinz, 2002; Erbring, 2016, S. 58).

Tab. 1: Unterschied zwischen Desegregation und Inklusion (eigene Darstellung)

Desegregation	Inklusion
Feste Zwei-Gruppen-Theorie abhängig von sonderpädagogischer Diagnostik	Flexibles Heterogenitätsverständnis mit Minderheiten und Mehrheiten
Etikettierungs-Ressourcen-Dilemma, d.h. zusätzliche personelle und andere Ressourcen kommen nur Schüler:innen mit Förderbedarf zugute	Entscheidungen auf Teamebene, wie personelle, zeitliche, materielle Ressourcen sinnvoll in Unterricht und Teamarbeit eingebracht werden können
Starre Orientierung am studierten Ausbildungsgang Sonderpädagogik oder Regelschullehramt	Unterschiedliche Fähigkeiten und Interessen im Kollegium werden bei der Aufgabenverteilung und der Teamarbeit berücksichtigt
Arbeitszeitmodell ist an der zu leistenden Anwesenheit/Unterrichtsstunden orientiert	Zeiten für Gremien und Teamarbeit sind in die Wochenarbeitszeit einbezogen
Kein Einfluss auf Strukturen durch das Eingebunden-Sein in schulische Verwaltungsstrukturen und Hierarchien	Verständnis der Schule als System mit Entscheidungsspielräumen und Möglichkeiten für verantwortliches Mitgestalten
Probleme werden als persönliches Versagen erlebt und behandelt	Probleme werden offen angesprochen und lösungsorientiert bearbeitet (Nutzung lösungsorientierter Fallberatungsmethoden und Teamsupervision)

Die systemische Beratung

Fallgeschichte: »Und wenn ich nur auf die Hindernisse schaue, dann kann ich mich nicht mehr mit der Aufgabe beschäftigen«

An dieser Stelle wird es Zeit, die Fallgeschichte von Frau Beyer und ihrer Frage inklusiver Schulentwicklung an der Grundschule erneut aufzugreifen. Wir kehren also zurück zu Frau Beyers Fragestellung in der Supervisionsgruppe: Wie kann meine Schule eine inklusive Schule werden, die ich leiten will und kann?

Die Supervisorin schlägt eine systemische Strukturaufstellung zur Fallgeschichte vor. Systemische Strukturaufstellungen wie die hier gewählte Problemaufstellung arbeiten mit Personen in Form von Repräsentant:innen. Diese werden mit den Empfindungen, Haltungen, Emotionen und Kognitionen in der Aufstellung in die Beratung einbezogen. Die Aufstellung erfolgt in enger Kooperation mit den Klient:innen; Deutungen und Meinungen der Fallgeber:innen werden gegenüber denen der Anleiter:innen (sog. Gastgeber) bevorzugt berücksichtigt. Es geht um eine Erweiterung der Handlungsmöglichkeiten der Klient:innen unter Berücksichtigung vorhandener Möglichkeiten und Ressourcen, nicht um eine »Wahrheit« (vgl. Sparrer, 2004; Daimler, 2008).

Mithilfe dieser Beratungsmethode lässt sich ein komplexes Thema wie das von Frau Beyer in Ruhe betrachten, indem einzelne Komponenten des Falles im Rahmen der Aufstellung sichtbar gemacht werden. Dies können Personen, innere Anteile eines Menschen, Wünsche, Ziele, Aufgaben und andere Aspekte einer in die Beratung eingebrachten Fragestellung sein. Die Komponenten werden durch Repräsentant:innen im Raum positioniert. Durch die Abstände, Blickrichtungen und damit verbundenen Assoziationen lassen sich Beziehungen der Elemente des Falles visualisieren und besprechen, woraus sich wiederum aus Sicht der Fallgeber:innen, weiterer Gruppenmitglieder und der Berater:innen – unterschiedliche Bedeutungen ableiten. Die Aufstellung im Raum bietet den Ratsuchenden zugleich auch die Möglichkeit, von Detailbetrachtungen ausgehend auch immer wieder den Gesamtkomplex eines Problem- bzw. Lösungssystems in den Blick zu nehmen. Dabei bleibt das aufgestellte Gesamtbild eine Konstruktion ohne Anspruch auf eine allgemeingültige Wahrheit.

Unter der strukturierenden Anleitung der Supervisorin wählt Frau Beyer aus der Supervisionsgruppe eine Person, die sie selbst, also ihren eigenen Fokus repräsentieren soll. Sie bittet Frau Mayrock in die entsprechende Repräsentatinnenrolle. Sodann wählt Frau Beyer für diese einen Standort aus. Sie führt ihre Repräsentantin zu einem zentralen Punkt im Raum, außerhalb des Stuhlkreises der Beratungsgruppe. Diese nimmt als »Fokus« den von Frau Beyer zugewiesenen Standort ein und bleibt dort stehen, mit der mit dem Standort verbundenen Blickrichtung ins Rauminnere.

Auf die Frage nach einer Person, welche für die »Aufgabe« stehen könnte, wählt Frau Beyer Herrn Jobst als Repräsentanten. Sie formuliert als Aufgabe »Eine inklusive Schule werden« und positioniert Herrn Jobst neben der Stelle des »Fokus« von Frau Mayrock mit gleicher Blickrichtung.

Abb. 3: Strukturaufstellung I; Fokus und Aufgabe

Der nächste Schritt in der Aufstellung der Problemstruktur ist die Repräsentation für »Hindernisse«. Was verhindert die Umsetzung der Aufgabe? Dafür wählt Frau Beyer als Repräsentantin Frau Vogtei und stellt diese ihrem »Fokus« frontal gegenüber.

Es folgt die Aufstellung von »Ressourcen« für die Umsetzung der »Aufgabe«. Hierfür wird Frau Wagner gebeten und hinter dem »Fokus« positioniert.

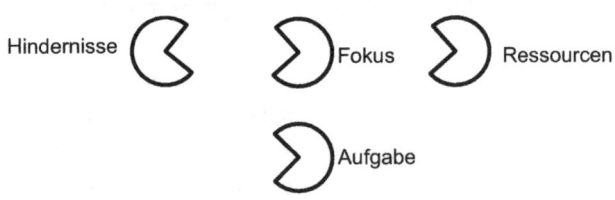

Abb. 4: Strukturaufstellung II; Ergänzung Hindernisse und Ressourcen

»Heimlicher Gewinn« ist eine weitere repräsentative Figur der Aufstellung. Welche positiven Begleiterscheinungen entstehen zufällig oder gewollt durch das Vermeiden oder Verhindern der Aufgabe? Frau Beyer zögert kurz, wählt dann Frau Linder. Frau Linder stellt sie auf die rechte Seite des »Fokus« mit gleicher Blickrichtung wie dieser.

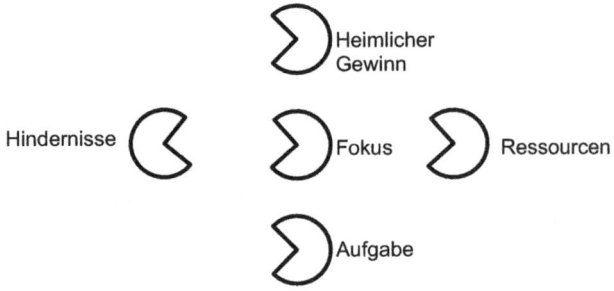

Abb. 5: Sturkturaufstellung III; Ergänzung Heimlicher Gewinn

Die letzte Repräsentation ist die »Zukünftige Aufgabe«. Hierfür stellt Frau Beyer Herrn Berg neben die »Aufgabe«.

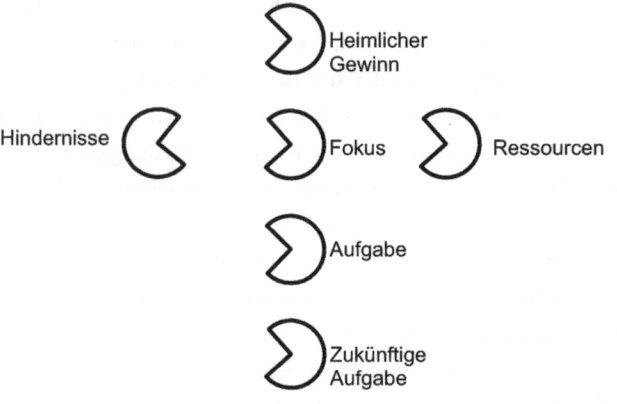

Abb. 6: Strukturaufstellung IV; Ergänzung Zukünftige Aufgabe

Es sind also folgende Repräsent:innen festgelegt:
- »Fokus«: Frau Mayrock
- »Aufgabe«: Herr Jobst
- »Ressourcen«: Frau Wagner
- »Hindernisse«: Frau Vogtei
- »Heimlicher Gewinn«: Frau Linder
- »Zukünftige Aufgabe«: Herr Berg

Frau Beyer betrachtet in Ruhe die entstandene Aufstellung. Nach ihrem ersten Eindruck befragt, äußert sie, dass die Aufstellung ihr in der Gesamtheit sehr massiv erscheine. Es gäbe so etwas wie eine Front, einen Gegenspieler und eine eher versteckte Figur im Hintergrund.

Auf die Frage nach ihren Gefühlen stellt Frau Beyer fest, dass sie sich tatsächlich wie in einer konflikthaften Frontenbildung fühle. Sie sei mit den Hindernissen der Umsetzung von Inklusion im wahrsten Sinne des Wortes konfrontiert. Auch erscheine ihr momentan alles so verhärtet. Es gäbe nur eine Marschrichtung, aber da sei kein Durchkommen. Sie selbst fühle sich instrumentalisiert, ihr Gestaltungsspielraum als Schulleiterin sei ihr völlig abhandengekommen.

Auf die Frage, welche der Repräsentant:innen sie gerne kurz interviewen möchte, wendet sie sich zunächst an den »Fokus«. Gefragt, wie es Frau Mayrock in ihrer Position der Aufstellung ginge, erzählt diese bereitwillig: Sie sei in erster Linie konfrontiert mit den »Hindernissen«, diese seien Auge in Auge mit ihr, sie fühle sich dadurch äußerst unwohl und hilflos. Es mache sie irgendwie auch aggressiv, nur die »Hindernisse« zu sehen und sonst praktisch nichts. Auf die Frage nach den »Ressourcen« meldet Frau Mayrock als »Fokus« zurück, diese sehe sie nicht und verspüre durch diese auch keinerlei Unterstützung. Gefragt nach der »Aufgabe« reagiert Frau Mayrock überrascht, die »Aufgabe« habe sie nicht im Blick und schon gar nicht die »zukünftige Aufgabe«. Sie habe eigentlich nur mit den »Hindernissen« zu tun. Da sie als erste Repräsentantin aufgestellt worden war, wird auch die Frage gestellt, ob sich während der Aufstellung etwas für sie verändert habe. Hierauf bemerkt sie, dass der »heimliche Gewinn« an ihrer rechten Seite eine deutlich spürbare Entlastung erzeugt habe. Sie habe sich dadurch plötzlich weniger angespannt und auch nicht mehr so allein gefühlt.

Frau Beyer lacht und sagt, genauso fühle sie sich. Ständig gequält und konfrontiert mit Hürden und Widersprüchen. Sie tappe auf der Stelle, fühle sich zermürbt. Was genau die Aufgabe sei, wisse sie manchmal schon gar nicht mehr.

Sie wendet sich nun den Hindernissen zu und fragt Repräsentantin für die »Hindernisse«, Frau Vogtei, wie es ihr gehe. Diese erwidert: »Ganz klar: Gut. Ich bin stark und mächtig. Alle schauen auf mich. Man könnte ja meinen, eine Front, die mir gegenübersteht, wirke bedrohlich.

Empfinde ich aber nicht so. Vielleicht weil keiner sich bewegt, die Situation erscheint mir irgendwie stabil. Ich kann mich ja hier frei bewegen, könnte ausweichen. Ich kann auch entscheiden, wem ich mich mehr zuwende und wem weniger. Also, ja, ich fühle mich ganz wohl hier.«

Auf die Frage nach Veränderungen während des Aufstellungsprozesses sagt die Repräsentantin, dass das Hinzukommen der »zukünftigen Aufgabe« etwas unangenehm für sie war. Das sei dann vielleicht doch erstmal ein bisschen viel an Gegenüber gewesen. Das habe sich aber schnell gelegt und sie hätte sich wieder sicher gefühlt, da sie ja weiterhin alle gut im Blick habe. Ach so, außer die »Ressourcen«, diese sehe sie ja kaum. Die seien durch die anderen vollkommen verdeckt.

Als nächstes befragt Frau Beyer die »Aufgabe«, also Herrn Jobst. Zu Beginn, als er noch zu zweit mit dem »Fokus« dastand, sei es eigentlich angenehm gewesen. Aber so wie jetzt, eingezwängt zwischen Frau Mayrock (»Fokus«) und Herrn Berg (»Zukünftige Aufgabe«), fühle er sich absolut nicht mehr wohl und auch er empfinde insbesondere das Gegenüber mit Frau Vogtei (»Hindernisse«) als unangenehm. Er könne sich überhaupt nicht bewegen, sei quasi umzingelt. Vor allem seien alle einfach zu nah an ihm dran. Er würde diese Position am liebsten sofort verlassen.

Die »zukünftige Aufgabe«, repräsentiert durch Herrn Berg, hat dagegen eine etwas komfortablere Position. Er habe Ideen, fühle sich bewegungsfrei und würde sich gerne nach vorne bewegen. Was da neben ihm sei, wisse er nicht genau.

Frau Beyer resümiert: »Also, die Aufgabe hat keinen Platz und will am liebsten weg. Ja, das entspricht so ziemlich dem aktuellen Status. Es existiert überhaupt keine inklusive Schule und es will auch keiner eine haben. Alle sehen die Hindernisse und diese erscheinen übermächtig. Dann gibt es noch eine zukünftige Aufgabe, von der eigentlich bisher keiner wusste. Diese hat Ideen und ich bin irgendwie neugierig geworden, was sich dahinter verbirgt.«

Bevor sie hier weiterfragen kann, sollen die bisher noch nicht befragten Repräsentant:innen sprechen. Frau Beyer wendet sich zunächst an die »Ressourcen«, repräsentiert durch Frau Wagner. Sie kann nur bestätigen, was bisher gesagt wurde. Sie habe lauter Rücken vor sich, keiner interessiere sich für sie. Sie habe zwischendurch den Impuls gehabt, den »Fokus« von hinten anzuschieben. Sie habe den Eindruck, man könne auf diese Weise die »Hindernisse« aus dem Weg schaffen. Dann hätte sie diesen Impuls aber wieder verloren und im Moment interessiere sie sich vor allem für die »zukünftige Aufgabe«. Die wirke so aktiv und frisch.

Zuletzt wendet sich Frau Beyer an den »heimlichen Gewinn«, repräsentiert durch Frau Linder. Sie sagt, sie habe gemerkt, dass sie dem »Fokus« (Frau Mayrock) guttue und fühle sich dadurch bedeutsam. Die »Ressource« im Rücken empfinde sie auch eher angenehm als unangenehm. Und das »Hindernis«, das störe sie eigentlich gar nicht, es sei ihr ziemlich egal.

Frau Beyer wirkt nachdenklich: »Wenn man das so betrachtet, hat es schon einen gewissen Bezug zur aktuellen Situation. Man hat das Gefühl es gibt keine Ressourcen und alles dreht sich nur um die Hindernisse. Ich hab' mich die ganze Zeit auch gefragt, was eigentlich mit dem heimlichen Gewinn gemeint ist. Und die zukünftige Aufgabe finde ich weiterhin irgendwie reizvoll.«

Sie lacht und fügt hinzu: »Zumal die Aufgabe ja auch gar so unattraktiv ist und sich am liebsten verflüchtigen würde.«

Die Supervisorin fragt Frau Beyer, ob sie möglicherweise einmal erkunden wolle, was ein »heimlicher Gewinn« beinhalte. Sie könne dafür kurzfristig die entsprechende Position in der Aufstellung einnehmen. Frau Beyer tauscht also den Platz mit Frau Linder. Sie hält eine Zeitlang inne. Schließlich sagt sie leise: »Mir sind mehrere positive Sachen eingefallen. Zum einen schließen sich die Eltern grade eng zusammen, die sind engagiert wie noch nie. Dadurch entsteht eine Identifikation mit der Schule, die ich mir vorher oft gewünscht hatte. Nichts ist mehr einfach so selbstverständlich, unsere ganze Mühe wird plötzlich gewürdigt und als positiv gewertet. Die Unterrichtskonzepte, das freie Arbeiten, was wir alles erreicht haben in den letzten Jahren mit unseren Kindern und auch den Lehrkräften. Ironischerweise erscheint das alles nun als Argument gegen die Inklusion.«

Auf Nachfrage der Supervisorin erklärt sie: »Ironischerweise, weil das ja eigentlich gar keine Widersprüche zur Inklusion sind. Offener Unterricht und das. Aber die Eltern tun so, als könne man das dann nicht mehr machen, wenn die Inklusionskinder dabei sind.«

Auf die Frage, ob es möglicherweise noch weitere heimliche Gewinne aus der aktuellen Situation gebe, fährt Frau Beyer fort: »Naja, man will halt eben den Status quo halten. Keine Veränderung, es könnte ja schlechter werden. Hat man ja auch schon oft genug erlebt, dass es dann doch eine Veränderung zum Schlechten war.«

Frau Beyer verneint die Frage der Supervisorin, ob es noch etwas zu ergänzen gebe und tauscht wieder den Platz mit Frau Linder.

Plötzlich meldet sich Herr Jobst als »Aufgabe« zu Wort. Er habe ja bereits gesagt, er sei hier wirklich in einer unerträglichen Situation. Er fange inzwischen an zu schwitzen und merke auch, dass es dem »Fokus« (Frau Mayrock) neben ihm nicht gut gehe. Ob man nicht etwas verändern könne? Frau Beyer sagt, sie hätte eine Idee, die sie gerne ausprobieren würde. Wenn das nicht recht sei, dann könne Herr Jobst noch weitere Veränderungen anregen. Die aufgestellten Repräsentant:innen sind einverstanden mit dem Experiment.

Frau Beyer bewegt die Repräsentantin des »Fokus«, Frau Mayrock, und kommentiert ihre Veränderungsidee: »Ich würde gerne meinen ›Fokus‹ verändern. Der schaut ja nur auf das ›Hindernis‹ und sieht die ›Ressourcen‹ nicht. Was passiert, wenn ich den ›Fokus‹ auf die ›Aufgabe‹ richte?«

Frau Beyer bittet also Frau Mayrock, sich ein wenig nach links zu drehen, in Richtung der »Aufgabe«. Da sich der Abstand zwischen Frau Mayrock und Herrn Jobst damit noch nicht verändert hat und er sich weiterhin unwohl fühlt, wird der Abstand zwischen den Positionen vergrößert.

Frau Beyer möchte außerdem noch den Impuls von Herrn Berg als Repräsentant der »zukünftigen Aufgabe« aufnehmen.[3] Er bewegt sich nach vorne, indem er zwei Schritte macht.

Frau Beyer nimmt sich Zeit, die neue Aufstellung in Ruhe und von allen Seiten zu betrachten. Sie bittet die Repräsentant:innen, sich zur Veränderung zu äußern. Das tun diese bereitwillig:

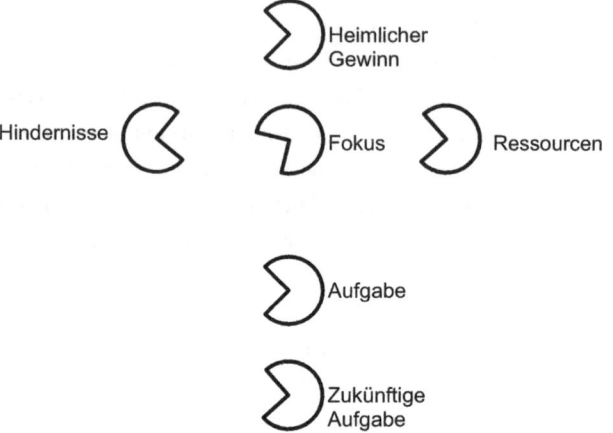

Abb. 7: Strukturaufstellung V; Veränderung Fokus

---

3 Herr Berg hatte zuvor den Impuls geäußert, sich nach vorne bewegen zu wollen.

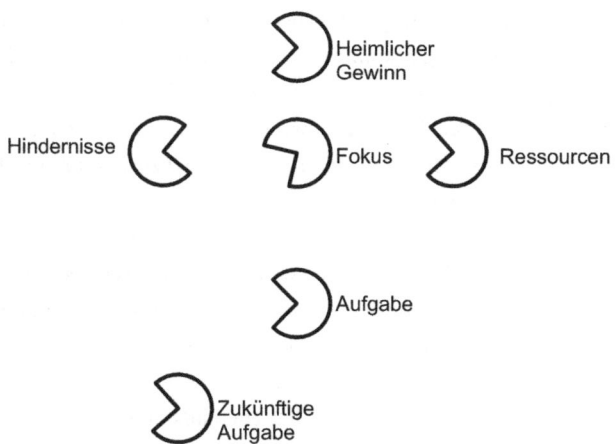

Abb. 8: Strukturaufstellung VI; Veränderung Zukünftige Aufgabe

Frau Mayrock (»Fokus«) ist zufrieden mit der Position, da sie mit etwas Abstand die »Aufgabe« sehen kann und die »Ressourcen« ebenfalls im Blick hat. Die »Hindernisse« sehe sie zwar, empfinde diese aber nicht mehr als bedrohlich, sondern »eben vorhanden«. Auch sei sie interessiert an der »zukünftigen Aufgabe«, die da so »nach vorne durchgestartet ist«.

Herr Jobst (»Aufgabe«) schließt sich an, er sei regelrecht erleichtert, dass sich einerseits Abstand zwischen dem »Fokus« und ihm vergrößert habe. Er könne nun seine Aufmerksamkeit nach vorne in seine Blickrichtung richten. Da gäbe es jetzt durchaus Energie. Als besonders angenehm empfände er es, dass die »zukünftige Aufgabe« da schon vorangeschritten sei. Auch fühle er sich den »Hindernissen« überlegen, die würden ja aus seiner Perspektive nach hinten schauen, er jedoch nach vorne. Die »Ressourcen« könne er sich auch vorstellen zu nutzen, die würden ihn ja auch in die richtige Richtung schieben.

Herr Berg (»zukünftige Aufgabe«) äußert sich zufrieden damit, dass er in Bewegung gekommen sei. Der aktuelle Standort sei für ihn angenehm, wenngleich er auch das Gefühl hätte, die anderen abgehängt zu haben. Er sei irgendwie gerne weiter in Bewegung, vor und zurück und vielleicht auch mit Blickkontakt zurück. Er möchte gerne in Verbindung bleiben.

Frau Linder (»heimlicher Gewinn«) erlebt eine deutliche Veränderung im Vergleich zu vorher, sie sei weniger wichtig geworden, als der »Fokus« sich weggedreht habe. Es gäbe ihr aber ein gutes Gefühl, dass sie auch in die gleiche Richtung schauen würde wie die beiden »Aufgaben«.

Frau Vogtei (»Hindernisse«) hat ebenfalls eine Veränderung bemerkt. Sie sei zwar weniger wichtig geworden, Blickkontakt habe sie jedoch weiterhin mit der »Aufgabe« und dem »heimlichen Gewinn«. Die »Ressourcen« habe sie inzwischen auch bemerkt. Sie habe weiterhin einen angenehmen Platz in der Konstellation.

Frau Wagner (»Ressourcen«) kann sich nun auf Frau Mayrock (»Fokus«) konzentrieren und fühlt sich aktiviert. Durch die Bewegung von »Aufgabe« und »zukünftiger Aufgabe« sei eine Richtung entstanden, auf die sie ihre Aktivität ausrichten könne.

Frau Beyer bedankt sich für die Kommentare der Repräsentant:innen. Nachdenklich sagt sie: »Ja, was mache ich jetzt damit. Ich hab' komischerweise plötzlich auch ein besseres Gefühl als vorhin und mir sind ein paar Ideen gekommen. Es macht ja wirklich etwas aus, wohin man seinen Blick richtet. Und wenn ich nur auf die Hindernisse schaue, dann kann ich mich nicht mehr mit der Aufgabe beschäftigen, da stimmt ja. Und mir ging es richtig schlecht mit der ganzen Situation, hab' ich ja vorhin auch erzählt. Also denke ich mir, was ist, wenn ich mal die Perspektive wechsle. Die Hindernisse sind weiterhin da, das stimmt schon. Aber man muss sich ja nicht dauernd daran reiben.«

Die Supervisorin schlägt vor, die Positionen zu erkunden, beispielsweise die »Ressourcen«. Frau Beyer übernimmt kurzfristig die Position von Frau Wagner und stellt fest: »Da ist schon einiges, wenn man das mal so betrachtet. Wir haben ein tolles Kollegium und auch schon viel Erfahrungen mit Heterogenität, natürlich. Da haben wir einige Erfolge in der Entwicklung von unseren Kindern gehabt in den letzten Jahren, auch positive Überraschungen. Und unsere Elternschaft, wie gesagt, die ist echt engagiert. Ich hab' mich schon erkundigt, es gibt auch Lernbegleiter, die kann man anfordern für bestimmte Kinder für eine zusätzliche Betreuung. Da wollen wir dran. Und unser Lernkonzept mit viel offenem Unterricht passt auch recht gut zum inklusiven Unterricht.«

Frau Beyer verlässt die Position wieder und murmelt: »Das größte Hindernis ist, dass man das alles nicht selbst entschieden hat. Wenn ich jetzt überlege, weiß ich natürlich ganz viel. Was ansteht und was wir auch schaffen können.«

Frau Beyer möchte abschließend noch die Perspektiven der beiden »Aufgaben« übernehmen. Dafür stellt sie sich nacheinander in die Position von Herrn Jobst (»Aufgabe«) und Herrn Berg (»zukünftige Aufgabe«). Abschließend fasst sie ihren Eindruck zusammen: »Also, ich kann da schon umdenken. Wenn man es mal so betrachtet, eine inklusive Schule waren wir auch schon vorher, heterogen allemal. Ich sehe erstmal als wichtigste Aufgabe von mir, die Eltern zu beruhigen und das Kollegium mitzunehmen in diesen Prozess. Und da habe ich grade ein paar gute Ideen gehabt.«

Immer noch schmunzelnd wendet sie sich an die Gruppe: »Danke vor allem Ihnen, Herr Jobst als ›Aufgabe‹. Wenn Sie nicht so geschwitzt hätten, dann hätte ich bestimmt erstmal wieder den Hindernissen meine Aufmerksamkeit geschenkt. Aber so waren wir direkt bei der Aufgabe und das ist gut so.«

Methode und Analyse des Beratungsprozesses

Um die oben erzählte Fallgeschichte beratungsmethodisch zu erläutern, werden an dieser Stelle einige Überlegungen zur Problemaufstellung eingefügt, anschließend erfolgt eine Analyse des Beratungsprozesses von Frau Beyer.

Fünf Positionen einer systemische Strukturaufstellung zur Inklusion

Es lassen sich folgende Überlegungen zu den fünf Positionen der Aufstellung im Fallbeispiel Frau Beyer skizzieren:

Fokus

Diese Position der Aufstellung markiert eine vorherrschende Perspektive der aufstellenden Person. Aus Beratungssicht ist hier besonders darauf zu achten, aus welcher Rolle und mit welchem Selbstverständnis das Thema fokussiert wird. In unserem Beispiel wurde deutlich, dass sich Frau Beyer, die bereits auf mehrere Jahre Leitungserfahrung zurückgreifen kann, als Schulleiterin in der Verantwortung sieht, den entsprechenden organisationalen Prozess anzuleiten. Jedoch sieht sie an ihrer Schule nicht die Kapazitäten, die sie für eine Umsetzung schulischer Inklusion für notwendig hält. Diese Sicht vertritt offenbar auch das eigene Personal, sowie Eltern und eine externe, zu Rate gezogene Sonderpädagogin. Auch fachliche Hintergründe, wie das Aussetzen entsprechender Diagnostik an den Grundschulen, beurteilt Frau Beyer kritisch mit entsprechender Wortwahl (»unsinnig«, »absurd«). Dies könnte ein Hinweis auf die oben skizzierten Rekontextualisierungstendenzen sein.

Trotz aus der ihrer Sicht berechtigten Bedenken weiß Frau Beyer, dass sie als Schulleiterin für die Umsetzung der Inklusion an ihrer Schule (mit)verantwortlich ist. Dabei erscheint es ihr besonders wichtig, die bislang engagierten Eltern mit ihren Kindern an der Schule zu halten, denn: »Wenn mir jetzt die ganzen Eltern der leistungsstarken Kinder weggehen, dann habe ich nur noch die Problemkinder da.« Die Fallerzählung lässt dabei erkennen, dass mit Problemkindern Inklusionskinder gemeint sind. Dabei scheint, wie oben bereits ausführlicher dargestellt, in der Begrifflichkeit von Inklusion bei Frau Beyer die Differenzlinie sonderpädagogischer Förderbedarfe vorherrschend zu sein: Einerseits bezeichnet sie ihre Schule als inklusiv (»Wir sind nun also inklusiv«), da bereits Kinder mit ausgewiesenen oder nicht ausgewiesenen Förderbedarfen die Schule besuchen. Andererseits impliziert ihre Zielsetzung für die Beratungssitzung (»Wie kann meine Schule eine inklusive Schule werden, die ich leiten will und kann?«), dass hier noch Entwicklungsbedarf besteht. So scheint es sich hier bislang eher um Desegregation als um Inklusion zu handeln.

Aufgabe

Frau Beyer geht es darum zu klären, wo sie selbst in Bezug auf das Thema Inklusion steht. Sie möchte Motivation zurückgewinnen und ihre Leitungsfähigkeiten wieder in den Blick bekommen. Dabei hat sie offenbar auch eigene Ambivalenzen bemerkt, da ihr mit der Anordnung seitens der Stadt (»verdonnert«) eine entsprechende Entscheidungsmöglichkeit vorenthalten wurde. Mit Blick auf die oben geschilderten mangelhaften inklusiven Schulentwicklungsprozesse in Deutschland im europäischen Vergleich erscheint die Entscheidung ihrer Stadtverwaltung mehr als zehn Jahre nachfolgend zur politischen Entscheidung für die Umsetzung von Inklusion etwas weniger unvermittelt als Frau Beyer es darstellt.

Anscheinend ist aber durch den rein administrativ erfolgten Auftrag auch für sie selbst unklar, was eine inklusive Schule konkret auszeichnet und wie ein Entwicklungsprozess an ihrer Schule aussehen könnte. Dies könnte auch auf Kollegium und Eltern zutreffen: Zwar wird von Frau Beyer ein einhelliges Verständnis impliziert, jedoch gibt es zu komplexen Themen bei genauerer Betrachtung selten eine solche Einhelligkeit. Stattdessen gibt es vermutlich auch Kolleg:innen und Eltern mit weniger skeptischen Einschätzungen bezüglich der Umsetzung von Inklusion an der betroffenen Schule.

Hindernisse

Den Gegenargumenten und Kritikpunkten kommt in der Fallerzählung ein wichtiger Stellenwert zu. Dabei scheinen sowohl mentale Aspekte und Einstellungen der Beteiligten wie bezüglich der gemeinsamen Beschulung, dem Umgang mit herausforderndem Verhalten, der Änderung von Gewohnheiten und mangelndes Zutrauen in Gestaltungsmöglichkeiten, wie auch formal-strukturelle und vielleicht auch bauliche Barrieren eine Rolle zu spielen. Natürlich wäre es für die Beratungssitzung naheliegend, sich entsprechende Barrieren und Gegenargumente genauer anzusehen. Jedoch könnte hieraus auch eine »Problemtrance« (Schmidt, 2005) verstärkt werden, die das Auffinden von Lösungen und Gestaltungsfreiräumen verhindern würde. In der systemischen, lösungs- und ressourcenorientierten Beratung erfolgt daher die Betrachtung der Hindernisse vorrangig auf nonverbaler Ebene, wofür die hier gewählte Aufstellungsform besonders gut geeignet erscheint. Die Betrachtung von Hindernissen erfolgt dadurch im Kontext der gesamten Aufstellung, wodurch sich mitunter Hindernisse als besondere Potentiale innerhalb einer Problemkonstellation erweisen können. Daher wird in Fachkreisen auch gerne die Formulierung von Matthias Varga von Kibéd der »ehrenwerten Hindernisse« gewählt (mündliche Mitteilung).

Ressourcen

Die Sicht auf Ressourcen scheint bei Frau Beyer blockiert zu sein, das Bild ihrer Aufstellung legt diese Vermutung nahe. Insofern sind, wie auch die Fallerzählung zeigt, nicht umfassend alle internen und externen Ressourcenaspekte berücksichtigt worden. Frau Beyer bezieht sich zunächst hinsichtlich in Frage kommender Ressourcen hauptsächlich auf zusätzliches Personal. Wo dagegen ein Umgang mit Vielfalt an der Schule bereits gelingt, erfährt man zu diesem Zeitpunkt noch nicht. Somit wäre aus Beratungsperspektive darauf zu achten, mit ihr gemeinsam weitere Ressourcen zur Umsetzung von Inklusion zu erschließen.

Heimlicher Gewinn

Die Positionierung eines heimlichen Gewinnes im Rahmen der Aufstellung birgt die Möglichkeit, die aktuell unangenehme Situation unter der Fragestellung eines »Guten im Schlechten« zu betrachten. Inwiefern also erweist sich das Nicht-Erreichen von Inklusion möglicherweise als ein Vorteil und an welchen Stellen wird von Exklusion profitiert? Einerseits kann natürlich, so wie Frau Beyer es oben bestätigt, die Beibehaltung von Abläufen und Gewohnheiten, andererseits kann auch der Erhalt bestimmter Systeme verdeckte Gewinne darstellen. Im hier skizzierten Fallbeispiel wurde unter dem Stichwort Rekontextualisierung bereits ein systemischer Aspekt thematisiert. Ebenfalls ist die Vermeidung innerer und äußerer Konflikte häufig ein Grund dafür, Gewohntes beizubehalten.

Zukünftige Aufgabe

Der Einbezug einer zukünftigen Aufgabe in die Problemaufstellung hat den Vorteil, eine eingeschränkte Sicht auf die eingebrachte Problematik durch den Hinweis auf eine zukünftige Aufgabe zu irritieren. Auch dient diese Position dazu, eine Anforderung weiter und neu zu denken und umzuformulieren. Auf diese Weise lassen sich bereits bekannte Aufgaben wie eine Erweiterung von Handlungskompetenzen, der Aufbau von Netzwerken oder die Entwicklung von Teamarbeit als Lösungsressourcen mit der neuen Aufgabe kombinieren. Wie im Fallbeispiel deutlich wird, entsteht mit der gegenwärtigen und der zukünftigen Aufgabe nicht zuletzt auch ein wichtiger Prozessaspekt, der die Thematik in Bewegung bringt und Lösungen vorstellbar macht. Ein größerer Kontext könnte beispielsweise der Wunsch nach einer inklusiv(er)en Gesellschaft und der Einbezug des eigenen Wunsches nach Gesundheit, Wohlbefinden und Partizipation sein, wie in der hier folgenden Kurzanalyse deutlich wird.

Kurzanalyse des Beratungsprozesses

In der Aufstellung wählt Frau Beyer eine Repräsentantin für sich selbst. Auf diese Weise kann sie eine Außenperspektive auf die eigene Positionierung einnehmen und diese reflektieren. Interessant ist es, dass sie den »Fokus« (Frau Mayrock) zentral im Raum positioniert, woraus sich die nachfolgende Aufreihung der weiteren Repräsentant:innen anschließt. Auch seine Befragung an prominenter erster Stelle legen den Eindruck nahe, dass Frau Beyer von einer Außenperspektive auf die Problematik profitieren könnte. Nachdem sie die Äußerungen von Frau Mayrock zur Position des »Fokus« in der Aufstellung gehört hat, fühlt sie sich offenbar in ihrer eigenen Gefühlslage verstanden. Sie bestätigt den Bezug zu ihrer aktuellen Situation: Sie sieht bei der Entwicklung einer inklusiven Schule keine Ressourcen und fühlt sich permanent mit Hindernissen konfrontiert.

Im Gesamteindruck der Aufstellung, so Frau Beyers Interpretation, lässt sich die eingeschlagene Marschrichtung zur Entwicklung einer inklusiven Schule aufgrund der im Weg befindlichen Hindernisse nicht fortsetzen. Ihr Gestaltungsspielraum als Schulleiterin erscheint ihr eingefroren. Damit bleibt ihr zugleich ein möglicherweise vorhandener Ressourcenanteil verborgen. Auch die »Aufgabe«, so schlussfolgert Frau Beyer aus der Betrachtung der Gesamtkonstellation, ist aufgrund der direkten Nähe zu ihr (in der Aufstellung als Positionierung direkt an ihrer Seite) nicht im Blick, erst recht nicht die »zukünftige Aufgabe«.

Mit ihrem Lachen über die unangenehme Situation der Aufgabe kann sie die eigenen unangenehmen Gefühle loslassen und sich auf die Exploration des »heimlichen Gewinns« einlassen, was in vielerlei Hinsicht beflügelnd wirkt. Denn Frau Beyer stellt fest, dass Eltern und Kollegium dazu beitragen, dass die Umsetzung von Inklusion stagniert – und genau hieraus entwickelt Frau Beyer nun Gestaltungsspielraum für die inklusive Schule: Denn ein Anknüpfen an den bisherigen Erfolgen erscheint ihr naheliegend.

Verstärkt durch das Unwohlsein von Herrn Jobst als »Aufgabe«, sowie dem Gefühl der Übermacht seitens Frau Vogtei als »Hindernisse«, möchte Frau Beyer eine Fokusveränderung wagen. Angeregt durch die Schilderungen der Protagonist:innen interessiert sich Frau Beyer insbesondere für die zukünftige Aufgabe und möchte eine veränderte Richtung einschlagen, um aus der Stagnation herauszufinden. In dem stattfindenden Umdenken lassen sich einige der oben gezeigten Merkmale von Inklusion (im Gegensatz zur Desegregation) auffinden. Auch die Ressourcen sind für Frau Beyer nun konkretisierbar, das Kollegium, die Erfahrungen, die Eltern, die Unterrichtskonzepte.

Fallgeschichte: »Irgendwann ist mal genug«

Herr Kunert ist Lehrer an einem Gymnasium, dessen Schulkonferenz sich vor mehreren Jahren für die Umsetzung von Inklusion entschieden hat. Hintergrund waren pragmatische Überlegungen zur Attraktivität des Standortes: Man befand sich in Konkurrenz mit dem anderen Gymnasium des Ortes und sah sich angesichts sinkender Schüler:innenzahlen in seiner Existenz bedroht. Die Steuergruppe, deren Mitglied Herr Kunert ist, hat einen Pädagogischen Tag zum Thema Inklusion organisiert. Im Vorfeld möchte die Gruppe ein Planungsgespräch mit der Supervisorin führen, die auch für den Pädagogischen Tag engagiert worden ist.

Im Vorgespräch sitzt die Gruppe mit insgesamt acht Personen in einem Stuhlkreis. Herr Kunert stellt zu Beginn die Ergebnisse einer Umfrage zu aktuellen Herausforderungen der Inklusion an der Schule vor, die ihn mit akuter Sorge erfülle. Er liest einige Kommentare vor:

- Für Inklusion sind die Sonderpädagogen zuständig.
- Ich habe jetzt schon genug auffällige Kinder in meiner Klasse.
- Uns fehlen Zeitressourcen für Absprachen, Teamarbeit und gemeinsame Unterrichtsplanung.
- Was sollen wir denn noch alles machen? Irgendwann ist mal genug!

Danach lässt er den Zettel mit seinen Notizen auf den Boden fallen und stöhnt. Nach einer kurzen Pause sagt er: »Das Schlimme ist: Ich finde die Kolleginnen und Kollegen haben ja recht. Jeder dieser Punkte trifft zu. Wir wissen einfach nicht, wo wir die Schulentwicklung ansetzen sollen. Die Belastung ist wirklich immens.«

Salutogenese und Resilienz: Anregungen der Gesundheitsforschung zur Umsetzung schulischer Inklusion

Das Fallbeispiel von Herrn Kunert zeigt, dass in inklusiven Schulentwicklungsprozessen Grade psychischer Beanspruchung erreicht werden können, in denen Gesundheitsprävention eine wichtige Rolle bekommt. Hierfür werden in der systemischen Beratung zunehmend Ergebnisse der Gesundheitsforschung adaptiert. Insbesondere das Anknüpfen an der Salutogenese- und Resilienzforschung hat sich in der Beratung zur schulischen Inklusion bewährt (Erbring, 2021b). So weist das im Salutogeneseansatz (Antonovsky, 1997) zentrale Kohärenzgefühl darauf hin, dass Anforderungen *verstanden*, als *bedeutsam* und als *bewältigbar* erfahren werden sollten. Die hierbei zentralen Kategorien sind »Comprehensability« (Verstehbarkeit), »Meaningfulness« (Bedeutsamkeit) und »Manageability« (Machbarkeit). Mit einer hohen Ausprägung des Kohärenzgefühls werden berufliche Herausforderungen als weniger bedrohlich angesehen und können motivierter verfolgt werden. Es findet im höheren Maße eine Identifikation mit neuen Aufgaben und den damit verbundenen Anforderungen statt, den eigenen Problemlöse- und Gestaltungsmöglichkeiten wird eher vertraut. Daher setzen gesundheitsorientierte Beratungselemente an der Stärkung des Kohärenzgefühls an.

Ansatzpunkt »Comprehensability« (Verstehbarkeit)

Aus Sicht der Gesundheitsforschung ist Orientierung angesichts komplexer Anforderungen zentral. Dazu gehört, eine Anforderung inhaltlich zu verstehen und ein gewisses Problembewusstsein hinsichtlich der gewünschten Zielsetzung zu entwickeln. Ein Veränderungsbedarf lässt sich erst konstatieren, wenn Ziele vernünftig und erreichbar erscheinen. Aus der Differenz zwischen noch nicht erreichtem Ziel und der aktuellen Situation kann sich dann ein produktives Spannungsverhältnis entwickeln.

Die inklusive Schule verfolgt das Ziel, Teilhabemöglichkeiten für marginalisierte Individuen und Gruppen zu schaffen. Dies soll u. a. durch den Abbau von Barrieren erfolgen, welche Teilhabe und Zugang beispielsweise zu Bildungsinstitutionen verhindern. Selbst wenn eine Zugangsvoraussetzung nicht oder noch nicht erfüllt ist, können sich Schulen für Schüler:innen mit besonderen Unterstützungsbedarfen öffnen. Damit entstehen Widersprüche und Paradoxien. In unserem Beispiel erscheint die Beschulung von Schüler:innen mit sonderpädagogischem Förderbedarf am Gymnasium unvereinbar mit dem hier etablierten Selektionsauftrag, insbesondere, wenn diese Lernschwierigkeiten oder kognitive Beeinträchtigungen mitbringen und somit die vorgeschriebenen Lernziele nicht erreichen können.

Die Kommentare der Lehrkräfte aus Herrn Kunerts Gymnasium zeigen wenig Verständnis für schulische Inklusion, auch scheint keine Bereitschaft zur Übernahme von Zuständigkeiten für den Inklusionsauftrag und eine Entwicklung hin zu einer inklusiven Schule vorhanden zu sein. Die Lehrkräfte sagen im Grunde: »Das Gymnasium ist keine inklusive Schulform. Wieso werden wir mit einer Forderung konfrontiert, für die unsere Schule nicht geschaffen wurde? Wir können den Gegensatz zwischen Inklusion und Selektion nicht überbrücken!«

Auch als inklusive Schule finden weiterhin Selektionsprozesse statt, z. B. durch Notengebung und Ausschluss bei Nicht-Erreichen von Leistungszielen. Schüler:innen mit besonderen Unterstützungsbedarfen erhalten an solchen Schaltstellen eine Sonderbehandlung. Möglicherweise wünschen sich Lehrkräfte oder Eltern, auch für Schüler:innen ohne offiziellen Förderstatus abweichende Regelungen. Dennoch müssen die Lehrkräfte gegenüber den Eltern die Selektion und den daraus entstehenden Leistungsdruck vertreten. Auf diese Weise ergeben sich sowohl schulintern als auch in der Kommunikation paradoxe Situationen, die sich nicht immer logisch auflösen lassen. Auch an der inklusiven Schule ist es daher notwendig, bislang gültige Regelungen zu überarbeiten und dem Kollegium, den Eltern und Schüler:innen eine neue Orientierung zu verschaffen. Statt darauf zu warten oder zu hoffen, dass offensichtliche Widersprüche durch hierarchische Instanzen wie Schulaufsicht oder Schulleitung beseitigt werden, konzentrieren sich Einzelschulen besser darauf, die entstandenen Handlungsspielräume auszuloten und manche ungeliebte und unsinnige Regelung außer Kraft zu setzen. Viele Schulen verändern vor diesem Hintergrund Stundentaktungen (von 45 Minuten auf 60 oder 90 Minuten), Pausenangebote, Unterrichtsinhalte und Elternbeteiligung. Nicht die Widersprüche, sondern die mit der inklusiven Schule entstandenen Gestaltungsmöglichkeiten geraten damit in den Blick.

Ansatzpunkt »Meaningfulness« (Bedeutsamkeit)

Inklusion gewinnt an Bedeutsamkeit, wenn Schulen das Kollegium selbst als einen wichtigen Bereich inklusiver Schulentwicklung betrachten. Bedeutsam werden damit Schwerpunktsetzungen, in denen sich Interessen aus dem Kollegium zum Thema Vielfalt bündeln. Denn auch ohne Umsetzung von Inklusion spielen an Gymnasien heterogene Lerngruppen bereits eine Rolle und sind in den Alltag eingeflochten. Die Klassen sind heterogen und die Schüler:innen gehören unterschiedlichen Mehrheiten und Minderheiten an, also unterschiedlichen Geschlechtern und sexuellen Orientierungen, unterschiedlicher Herkunft bzw. kulturellem Hintergrund, unterschiedlichen Religionen, sie verfolgen unterschiedliche Interessen, haben unterschiedliche Begabungen etc. Entsprechend werden im Umgang hiermit auch bereits Konzepte und Methoden eingesetzt wie z. B. Peer-Tutoring, Kooperatives Lernen, Soziales Lernen, Wahlpflichtfächer und Schwerpunktgruppen.

Gymnasiallehrkräfte sehen sich in ihrer Rolle häufig im Gegensatz zum Konzept der Inklusion und haben sich teilweise bereits schon mit der Wahl des Studienganges explizit gegen eine Ausrichtung auf besondere Förderbedürfnisse in ihrem Unterricht entschieden. So wird auch an Herr Kunerts Schule auf die eigene Nicht-Zuständigkeit für Schüler:innen mit sonderpädagogischem Unterstützungsbedarf verwiesen. Als Gymnasiallehrkräfte fühlen sie sich nicht dafür zuständig.

Und doch müssen Beziehungsorientierung und Inhaltsorientierung nicht als Gegensätze zueinanderstehen. Jede Didaktik ist zugleich eine Gestaltung der Beziehung zwischen Schüler:innen, Lerninhalten und der Lehrkraft. Lerninhalte müssen differenziert auf die Bedarfe der Lerngruppen abgestimmt, manchmal sogar den Beziehungsaspekten innerhalb einer Lerngruppe untergeordnet werden. Das situative Ausbalancieren von Beziehungen und die professionelle Gestaltung von Nähe und Distanz wird aber besonders dann zur Herausforderung, wenn Lehrkräfte hohem Leistungsdruck unterliegen. Hier gilt es, die Schule mehr als lebendiges Miteinander und als Rahmen gemeinsamer Beziehungen zu verstehen. Wenn Lehrkräfte sich in der eigenen Schule als Menschen gesehen und wertgeschätzt fühlen, werden Beziehungen bedeutsam. An vielen Schulen entwickelt sich Inklusion im Sinne einer teilhabeorientierten Haltung.

Ansatzpunkt »Manageability« (Machbarkeit)

Lehrkräfte fühlen sich oft nicht ausreichend auf den inklusiven Unterricht vorbereitet und ausgebildet. Um die Gesundheitsressource der Machbarkeit zu stärken, sind neben Fortbildungen insbesondere schulinterne und regionale Unterstützungssysteme relevant. Wenn Lehrkräfte wissen, an wen sie sich bei Fragen oder Problemen wenden können, dann muss nicht alles selbst gekonnt werden. Viele Beispiele der Schullandschaft im In- und Ausland machen deutlich, dass es auch innerhalb der bestehenden Kollegien Anknüpfungsmöglichkeiten für inklusive Schul- und Unterrichtsentwicklung gibt. Der Blick richtet sich demnach nicht nur auf die Schüler:innen, sondern auf Unterstützungsbedarfe der Lehrkräfte. Dieser Perspektivwechsel wird oft als Wertschätzung zur Kenntnis genommen.

Da jedoch an vielen Schulen Inklusion als Kontrast zum Bestehenden und als etwas vollkommen Neues wahrgenommen wird, finden Anknüpfungsmöglichkeiten an aktuelle Schulentwicklungsthemen und vorhandene Erfahrungen der Machbarkeit zunächst oft keinen Eingang in den Diskurs. Die Lehrkräfte sagen: Wir haben kein Personal und keine Zeit für die Umsetzung von Inklusion.

Es erscheint daher besonders notwendig zu sein, interne Systeme kollegialer Unterstützung zu entwickeln. Wenn ein Kollegium sich als kompetente Gemeinschaft mit unterschiedlichen Fähigkeiten und Interessen entpuppt, dann können Aufgaben und Zuständigkeiten intern verteilt werden und man weiß, an wen man sich bei drängenden Fragen wenden kann. Dies schafft Entlastung und freie Kapazitäten für Neues. Hier sind Konzepte und Methoden der Teamentwicklung angebracht, denn an vielen Schulen sind die unterschiedlichen Fähigkeiten und Interessen der Lehrkräfte abseits von den Unterrichtsfächern im gesamten Kollegium gar nicht bekannt. Aus der Wahrnehmung der Vielfalt im Kollegium kann sich dann ein System kollegialer Unterstützung entwickeln.

Letztlich erscheint eine Auflösung aller Widersprüche, die mit Inklusion innerhalb der deutschen Schullandschaft wahrnehmbar werden, nicht möglich und vielleicht auch gar nicht erstrebenswert. Denn pädagogisches Handeln bewegt sich stets in Spannungsverhältnissen zwischen personalen und strukturellen Anforderungen, zwischen Individuum und Gruppe, zwischen Autonomie und Fremdbestimmung.

Beratungsmethoden für Szenarien inklusiver Schulentwicklung

Vor dem Hintergrund der aufgeführten Dilemmata scheint es an dieser Stelle angebracht, einige Beratungsmethoden auf Szenarien inklusiver Schulentwicklung anzuwenden. Anhand der Beschreibung dieser wird das Fallbeispiel Herr Kunert fortgesetzt.

Das Auftragskarussell

Herr Kunert sitzt noch immer im Stuhlkreis, neben ihm auf dem Boden liegt seine Liste mit den Kommentaren aus dem Kollegium. Die Supervisorin greift das ihr dargebotene Bild auf und sagt:»Herr Kunert, mir scheint nicht nur ein Zettel auf dem Boden zu liegen, sondern gleich eine ganze Vielzahl davon. Jeder Kommentar sagen sie, stellt eine aus Ihrer Sicht zutreffende Anforderung dar. Und wie ein Berg häufen sich diese Anforderungen oder besser gesagt: Forderungen um Sie auf.«

Herr Kunert nickt und schweigt.

Die Supervisorin fordert nun die anderen Teilnehmer:innen auf, in einer Resonanzrunde Herrn Kunerts Befindlichkeit nachzuempfinden. Von den Kolleg:innen werden folgende Gedanken und Gefühle zum Ausdruck gebracht:

»Was für eine ambivalente Situation, die Stimmen und Stimmungen aus dem Kollegium einerseits nachzuempfinden und zu verstehen, sich aber andererseits so hilflos zu fühlen. Mir geht es ganz ähnlich wie dir.«

»Ich habe das Gefühl, alle zeigen auf uns und erwarten, dass wir die Situation lösen.«

»Ich kann mir vorstellen, du verfluchst grade die Entscheidung von damals. Das war es wohl nicht wert, wenn man sich jetzt nur noch schlecht fühlt.«

»Ich kann deine Verzweiflung wirklich gut nachvollziehen. Die vielen Erwartungen übersteigen die Grenzen der Belastbarkeit.«

Die Gruppe entscheidet, den aktuellen Termin statt für die Vorbereitung des Pädagogischen Tages zunächst für die Bearbeitung der Situation von Herrn Kunert zu nutzen. Auf die Frage der Supervisorin, was für Herrn Kunert ein zufriedenstellendes Ergebnis der Beratungssitzung wäre, antwortet er: »Ich möchte heute mal diesen ganzen Berg sortieren. Und auch Dinge aussortieren. Ich muss eine Position finden, in der ich mich wieder wohl fühle und aus der ich reagieren kann. Ich fühle mich im Moment völlig mundtot.«

In anschließenden Beratungsszenario werden von Herrn Kunert die an ihn herangetragenen Erwartungen mit Hilfe der Gruppe auf Moderationskarten notiert und an eine Pinnwand geheftet. Dieses Vorgehen entspricht der Methode »Auftragskarussell« (v. Schlippe u. Schweitzer, 2017, S. 97ff) bzw. »Erwartungskarussell« (v. Schlippe u. Jansen, 2020, S. 2128ff).

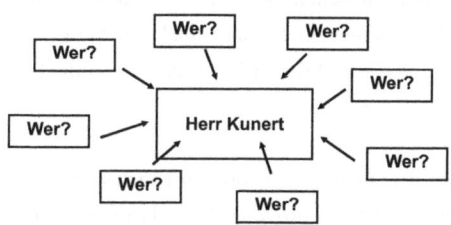

Abb. 9: Auftragskarussell I

Er schreibt jeweils dazu, von wem er die Erwartung an sich gerichtet sieht. Es entsteht folgende Zusammenstellung:
- Kollegin R: Ich bin Gymnasiallehrerin und keine Förderlehrerin. Bewahre mich vor diesem Auftrag, den ich nicht erfüllen kann!
- Kollege M.: Ohne sonderpädagogisches Personal können wir die Inklusion nicht umsetzen. Sorge dafür, dass wir dieses Personal bekommen!
- Kollegin Z: Ich weigere mich, mit diesen Schüler:innen zu arbeiten. Sie stören meinen Unterricht. Schaff sie an die Förderschule, wo sie hingehören!
- Kollege K: Mir fehlt die Zeit, um differenzierte Unterrichtsplanungen zu entwickeln. Ich habe nicht mal genug Zeit, um mich mit der Sonderpädagogin abzusprechen. Gib mir Zeit, dann zeige ich Einsatz!
- Kollegin F. (Sonderpädagogin): Was ist das für ein menschenfeindliches Kollegium, in dem ich hier gelandet bin. Ich habe noch nie so viel Diskriminierung erlebt wie hier. Das können Sie doch nicht zulassen, bitte unterbinden Sie das sofort!
- Eltern I: Was für eine lächerliche Entscheidung, wie wollen die am Gymnasium denn Inklusion machen? Auf Kosten der Ausbildung unserer Kinder und alles nur, um Geld zu erhalten?! Sprechen Sie mit der Stadt und machen Sie diese Entscheidung wieder rückgängig!
- Eltern II: Wir wünschen uns weiterhin für unseren Sohn, hier zur Schule zu gehen. Vieles läuft doch ganz gut, wir sind sehr zufrieden. Lassen Sie bitte nicht zu, dass er an die Förderschule wechseln muss!

Auf Nachfrage der Supervisorin, inwiefern auch seine eigenen Erwartungen an sich selbst eine Rolle in der Belastungssituation spielen, antwortet er:»Mein Eindruck ist, ich versuche diesen ganzen unterschiedlichen Wünschen gerecht zu werden. Jetzt wo das so aufgefächert ist frage ich mich, ob das überhaupt möglich ist.«

Alle schweigen und starren auf die Pinnwand.

Schließlich platzt Frau Nuber heraus: »Nein. Das ist definitiv nicht möglich.«

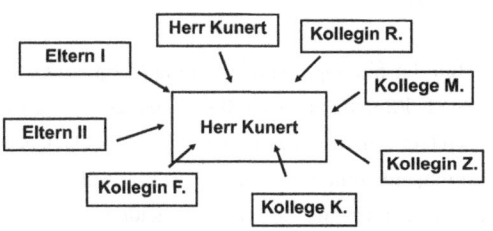

Abb. 10: Auftragskarussell II

Und doch scheint Herr Kunert sich abzuverlangen, eine Lösung aus dem Dilemma zu finden. Die Widersprüche des an ihn gerichteten Auftrags der inklusiven Schulentwicklung offenbaren sich. Für die systemische Beratung ergibt sich daraus die Möglichkeit, emotionale und kognitive Phänomene einer Beobachtung zugänglich zu machen und dabei neben Gefühlen und körperlichen Zuständen auch institutionelle und gesellschaftliche Kontexte zu berücksichtigen (Zwack u. Bossmann, 2017, S. 86).

Herr Kunert sortiert nun zusammen mit seinen Kolleg:innen die Erwartungen in drei Spalten: Nicht erfüllbar, vielleicht erfüllbar und erfüllbar. Die Gruppe möchte das entstandene Bild zum Anlass nehmen, im Kollegium über den weiteren Schulentwicklungsprozess zu sprechen. In diesem Zusammenhang möchte die Steuergruppe am Pädagogischen Tag die Entscheidung zur inklusiven Schule nochmals zur Disposition stellen. In der anstehenden Schulkonferenz soll die Entscheidung revidiert oder erneut getroffen werden. Für den Fall der Fortsetzung des

Inklusionsauftrages sollen aufgeworfene Fragen (z. B. zur Verantwortung der Steuergruppe und zur Verantwortung des Gesamtkollegiums) in einem gemeinsamen Klärungsprozess entschieden werden.

Antreiber- und Erlaubersätze

Im letzten Teil der Sitzung formulieren die Mitglieder der Steuergruppe eigene Leitlinien der Gesundheitsfürsorge, um nicht wieder an die eigenen Grenzen der Belastbarkeit zu stoßen. Dazu betrachten sie zunächst folgende innere Antreibersätze und wählen jeweils aus, unter welchem sie momentan am stärksten leiden.

Beispiele für Antreibersätze:
- Sei stark!   Ich muss es alleine schaffen.
- Sei perfekt!   Ich muss es perfekt machen.
- Mach es allen recht!   Ich muss allen Wünschen gerecht werden.
- Beeil dich!   Ich muss schnell sein.
- Streng dich an!   Ich muss mich anstrengen, sonst schaffe ich es nie.

Zu zweit erfolgt ein kurzer Austausch anhand der Fragen: Wo ist dieser Antreiber besonders präsent in meinem Alltag? Wie zeigt sich die Auswirkung des Antreibers (körperlich/gefühlsmäßig/verhaltensmäßig)? Im Anschluss soll der Antreiber sowohl im positiven Sinne (Trotz allen Übels: Wie hilft mir dieser Antreiber, welchen Nutzen hat er?), als auch im negativen Sinne (Woran leide ich dabei besonders, was kostet er mich?).

Schließlich werden die Teilnehmer:innen angehalten, einen Erlaubersatz zu formulieren: Was möchte ich mir erlauben, wenn sich der Antreiber nächstes Mal meldet?

Beispiele für Erlaubersätze:
- Ich darf mich emotional einlassen und zeigen, was mir wichtig ist.
- Ich erlaube mir, Hilfe anzunehmen.
- Ich erlaube mir, Fehler zu machen und Entscheidungen zu revidieren.
- Ich erlaube mir wertzuschätzen, was hier und jetzt ist.
- Ich darf Nein sagen und achte auf mich und meine Bedürfnisse.
- Ich lege regelmäßig Pausen ein.
- Ich darf auch Spaß haben.
- Ich erlaube mir, wohlwollend auf Fortschritte zu sehen.

Herr Kunerts Erlaubersatz bezieht sich darauf, dass er zukünftig Nein sagen darf. Dies bedeutet für ihn einerseits, überhöhte Erwartungen an seine schulische Rolle in der Steuergruppe und als Befürworter der Inklusion abzuweisen. Er möchte andererseits lieber Teil eines gemeinsamen schulischen Entwicklungsprozesses sein, kein einsamer Leuchtturm für Inklusion.

Prozessgestaltung inklusiver Schulentwicklung

Die Prozessgestaltung inklusiver Schulentwicklung lässt sich analog des U-Prozesses aufbauen, der nachfolgend erläutert wird. Das folgende Kapitel enthält darüber hinausgehend noch zwei methodische Anregungen – die Veranstaltung einer Lösungsparty und die Arbeit mit »Evolving« Cases in Großgruppen.

Inklusive Schulentwicklung als U-Prozess

Mit dem Auftrag der Inklusion stehen Schulen vor großen Herausforderungen. Viele Schulen zeigen, wie oben verdeutlicht, Tendenzen, das Thema Inklusion als Desegregation anzugehen. Dabei richten sich die Bemühungen oft darauf, die erforderlichen Prozesse der Systemveränderung zu umgehen oder zu vermeiden. Dies sollte frühzeitig in den Blick genommen werden, um die Schulentwicklungsprozesse günstig zu beeinflussen. In einem prozessorientierten Verständnis der Umsetzung von Inklusion in Orientierung an Scharmers U-Prozess (2018) lassen sich Bausteine identifizieren und projektartig bearbeiten (Erbring, 2015; 2016).

Sieben Bausteine des U-Prozesses für die Umsetzung von Inklusion

1. Die Situation erfassen und die Beteiligten als Akteur:innen sehen.
2. Ist-Analysen mit Blick auf Fähigkeiten und Ressourcen erstellen.
3. Bestehende Leitgedanken des alten Systems reflektieren.
4. Aus einer Problemtrance in eine Lösungsorientierung gelangen.
5. Inklusion auf Teilhabemöglichkeiten und Abbau von Barrieren ausrichten.
6. Teamorientierung und Unterstützungssysteme für Lehrkräfte entwickeln.
7. Inklusion als gemeinsamen Prozess verstehen.

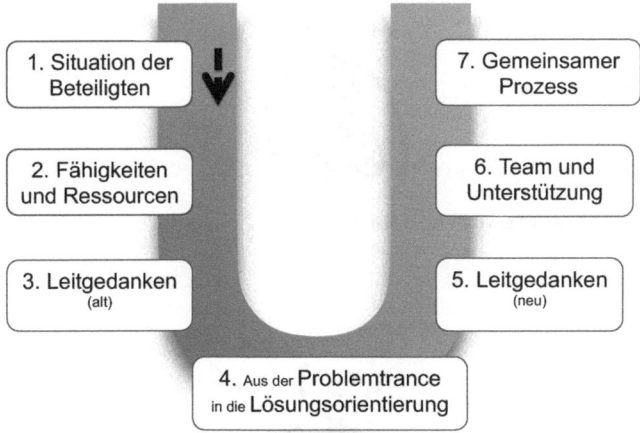

Abb. 11: Der U-Prozess inklusiver Schulentwicklung
(Quelle: Erbring, 2014, S. 71)

1. Die Situation erfassen und die Beteiligten
   als Akteur:innen sehen.

In der Entwicklung einer inklusiven Schule sind alle schulischen Akteur:innen betroffen. Dabei kursieren im Kollegium unterschiedliche Stimmungen und Argumente. Es erscheint lohnend, diese zu Beginn eines inklusiven Schulentwicklungsprozesses, jedoch auch etappenweise immer wieder ins Bewusstsein zu bringen. Dazu eignet sich die Methode des »Inneren Teams« bzw. der »Inneren Teamentwicklung« (Schulz von Thun, 2014).

Die Aufgaben und Fragen zum inneren Team können wie folgt lauten: »Zu komplexen Themen wie der schulischen Inklusion haben wir meist nicht eine einzige glatte Meinung. Stattdessen haben wir ganz unterschiedliche innere Anteile mit unterschiedlichen Stimmungen und Meinungen. Diese melden sich je nach Situation und je nachdem, was uns grade betrifft und beschäftigt. Auch in Gesprä-

Abb. 12: Skizze eines inneren Teams

Abb. 13: Skizze eines inneren Teams mit Stimmblasen

Abb. 14: Skizze eines inneren Teams mit ausgefüllten Stimmblasen

chen kommt es vor, dass wir mal den einen und mal einen anderen inneren Anteil deutlicher spüren und uns dementsprechend äußern. Jetzt, in diesem Moment, welche inneren Stimmen gibt es in Ihrem inneren Team? Was sagen diese jeweils? Schauen Sie auch nach inneren Kontroversen, die Stimmen dürfen sich auch gegenseitig widersprechen.«

Ergebnisse solcher methodischen Impulse lassen sich auch in Großveranstaltungen einbauen und mit Sitznachbar:innen oder in kleinen Gruppen besprechen. Dabei ist der Hinweis notwendig, sowohl die kritischen, als auch die zuversichtlichen inneren Stimmen zu beachten und den inneren Diskurs (zunächst) nicht in die eine oder die andere Richtung aufzulösen.

2. Ist-Analysen mit Blick auf Fähigkeiten und Ressourcen erstellen.

In einer ersten Bestandaufnahme ist es besonders wichtig, die Aufmerksamkeit auf bereits Vorhandenes und Gelingendes zu richten. So erscheinen Heterogenität der Schüler:innenschaft und vielfältige Erfahrungen im Kollegium im Umgang damit als relevante Ausgangsbasis der inklusiven Schulentwicklung. Schnittmengen und Ansatzpunkte von Inklusion mit innerschulischen Themen und dem bestehenden Schulprofil können beispielsweise Strukturen im Kollegium wie Jahrgangsstufen, Fachgruppen oder bestehende Netzwerke in der Kommune sein.

Um Mehrbelastung und Überbeanspruchung nach Möglichkeit frühzeitig zu erkennen und diesen entsprechend vorzubeugen, sollten Anknüpfungspunkte und Entwicklungspotentiale für den anstehenden Schulentwicklungsprozess identifiziert und für alle kenntlich gemacht werden. Beispielsweise lassen sich bestehende schulische Handlungsfelder nach personellen und strukturellen Ressourcen untersuchen (Tab. 2):

Tab. 2: Analyse schulischer Handlungsfelder

	Vorhandene Anknüpfungspunkte	Noch zu entwickelnde Bereiche
Personen		
Strukturen		

Weiterhin besteht die Möglichkeit, im Kollegium den Schulentwicklungsprozess unter Erfolgs- und Wachstumsaspekten zu betrachten. Dabei lassen sich miteinander vermischte Aspekte sortieren und beispielsweise die eigene Rolle an der Schule von Kollegium und Rahmenbedingungen unterscheiden. Ein Austausch in kleinen Gruppen anschließend an eine Einzelarbeitsphase kann dann in einer ersten Bestandsaufnahme der Ist-Situation münden (Tab. 3):

Tab. 3: Bestandsaufnahme Ist-Situation im Schulentwicklungsprozess

	Erfolgsseite: Was wurde erreicht? Woran können wir anknüpfen?	Wachstumsseite: Was gelang (noch) nicht? Was brauchen wir?
INKLUSION		
MEINE ROLLE		
DAS KOLLEGIUM		
RAHMEN-BEDINGUNGEN		

3. Bestehende Leitgedanken des alten Systems reflektieren

Wenn die Leitgedanken zur sonderpädagogischen Förderung bzw. der getrennten Beschulung von Schüler:innen mit und ohne sonderpädagogische Unterstützungsbedarfe unverändert aus dem segregierenden System übernommen werden, so gilt dies als Desegregation, nicht als Inklusion. Schüler:innen mit Unterstützungsbedarfen in die Regelschule aufzunehmen, hebt zwar die segregierende Beschulung auf, Inklusion findet damit jedoch noch nicht statt. Erst wenn die Bemühungen um den Abbau von Barrieren der Teilhabe sichtbar werden, lassen sich Prinzipien der Inklusion in der Regelschule verorten.

Ein wichtiger Baustein kann dabei sein, den Sprachgebrauch der Reflexion zugänglich zu machen, um die diskriminierende Unterscheidung behindert/nicht-behindert zu vermeiden, wie sie sich etwa in Sprachschöpfungen wie Inklusionsschüler:innen oder I-Kinder zeigen. Hospitationen und das Sammeln von Best-Practice Beispielen machen inklusionsorientierte Perspektiven erfahrbar und laden zur Weiterentwicklung der eigenen Schule ein.

4. Statt in der Problemtrance mit Lösungsorientierung arbeiten.

Nach den o. g. ersten drei Schritten sollte sich ein Paradigma der Ressourcen- und Lösungsorientierung im Kollegium etablieren. Es sollte im Kollegium reflektiert werden, so dass die Kolleg:innen eigenständig bei Herausforderungen in einen lösungsorientierten Modus wechseln können.

5. Inklusion auf Teilhabemöglichkeiten und Abbau von Barrieren ausrichten.

Lösungsorientiert betrachtet führt das Thema Inklusion zur Verbesserung von Teilhabemöglichkeiten und zum Abbau bestehender Barrieren zum Wohle aller Beteiligten. Es geht um die Wertschätzung von Vielfalt im gesamten schulischen Miteinander, also nicht nur im Unterricht. Hier können sich auch neue teilhabeorientierte Ideen z. B. mit Bezug zum Sport oder Kultur etablieren. Wichtig ist, das Inklusionskonzept der Schule nicht entlang der Arbeitsbelastung im Kollegium und den vermuteten Defiziten der Schüler:innen zu denken, da Inklusion vor diesem Hintergrund ausschließlich als Mehrbelastung erscheint. Stattdessen ist zu fragen, wie alle vom Inklusionskonzept der Schule profitieren können.

Eine gemeinsame Verantwortlichkeit für alle Schüler:innen zu entwickeln, bedeutet dann auch, dass gemeinsame Pools mit Unterrichts- und Differenzierungsmaterialien entstehen und Inklusion zur Querlage aller schulischen Gremien wird (z. B. Differenzierungsmethoden und -materialien in den Fächergruppen entwickeln).

6. Teamorientierung und Unterstützungssysteme für Lehrkräfte entwickeln.

Flexible Unterstützungssysteme und innerschulische Kooperationen bereichern Schulen im Umgang mit heterogenen Lernvoraussetzungen. Dazu gehören klassen- und jahrgangsübergreifende Gruppen, Möglichkeiten von Doppelbesetzung oder Teamteaching, spezielle Förderkonzepte im Fachunterricht, Differenzierungsräume mit Aufsichten etc. Mit einer Flexibilisierung vorab definierter Rollen (z. B. durch das Studienfach) werden auch motivationale Ressourcen freigesetzt, zudem findet ein Kompetenztransfer im Kollegium statt. So lässt sich Teamarbeit als Ressource, nicht als zusätzliche (zeitliche) Belastung verstehen.

7. Inklusion als gemeinsamen Prozess verstehen.

Durch regional organisierte Arbeitskreise entstehen Möglichkeiten zur interdisziplinären Zusammenarbeit und neue Kontakte und Kooperationen zu Beratungsstellen und Fachdiensten, Jugend- und Sozialämtern. Dies erspart die zeitaufwändige Suche nach Ansprechpartner:innen und bietet nicht zuletzt die Möglichkeit, die Netzwerke von Förderschulen in Regelschulen zu überführen.

Die Lösungsparty

Die Lösungsparty, eine lösungsorientierte Beratungsmethode, wird empfohlen, wenn innerhalb eines Kollegiums bezüglich des Themas Inklusion eine Problemtrance entstanden ist. Dies hat zur Folge, dass bereits mit Benennung einzelner Aspekte keine Lösungsfindungsprozesse mehr angestoßen werden, sondern eine problemfokussierte Argumentation beginnt. Um dem etablierten Problemzirkel zu entfliehen wird für eine gemeinsame Arbeitsphase im Kollegium (z. B. im Rahmen einer Konferenz; erforderlicher Zeitrahmen ca. 60 Minuten) ein eng gefasster Arbeitsmodus und klarer Vereinbarung empfohlen.

Im Vorfeld werden problematische Teilthemen gesammelt und als Aussagen formuliert, z. B.:
- »Uns fehlt die Zeit, der Schüler:innenschaft in einer inklusiven Schule gerecht zu werden.«
- »Die Eltern machen ständig Druck und befürchten sinkende Qualität des Unterrichts.«
- »Die Unterrichtsvorbereitung mit Differenzierungsangeboten für unterschiedliche Leistungsniveaus überfordert uns.«

Die gesammelten Aussagen werden auf den Kopf eines DIN A4 Blattes gedruckt. Der Rest der Seite bleibt frei. Nun beginnt die Lösungsparty. Das Kollegium setzt sich in Kleingruppen von vier Personen um jeweils einen kleinen Tisch. An einer Seites des Raumes werden die gesammelten problematischen Aussagen auf einem langen Tisch für alle zugänglich ausgelegt. Im folgenden werden Struktur und Ablauf der Lösungsparty erläutert.

Die Gesprächsregel für die Lösungsparty:
Die Arbeitsphase wird vollständig auf die Lösungssuche fokussiert. Das Problem darf im Zeitraum der Arbeitsphase nicht besprochen werden. Sobald in einer Kleingruppe bemerkt wird, dass man das Problem diskutiert, statt Lösungen zu finden, wird der Prozess gestoppt. Die Kleingruppe entscheidet, ob eine Rückkehr zum Lösungsfokus möglich ist. Falls nicht, wird ein neuer Arbeitsschritt begonnen.

Ablauf der Arbeitsphase:
Jede Kleingruppe wählt eine der problematischen Aussagen auf dem Tisch aus und notiert auf dem Blatt mögliche Lösungen im Brainstorming. Eine Einigung in der Gruppe auf eine »beste« Lösung ist nicht erforderlich. Wenn zu einem Problem keine Lösungen mehr generiert werden können bzw. die Kommunikation der Gruppe im Problem verfängt, wird das Blatt zurückgelegt und steht anderen Gruppen für deren Notizen zur Verfügung. Andere Gruppen können die bereits aufgeschriebenen Lösungen ergänzen.

Reflexion der Arbeitsphase:
Im Anschluss an die Arbeitsphase werden die Erfahrungen der Kleingruppen erfragt. Meistens wird das Arbeiten als angenehm empfunden, es wird gelacht und erstaunlich viele Vorschläge kommen zustande. Anhand der Erfahrungen lässt sich auch die Unterscheidung der Lösungsparty zur Alltagskommunikation an der Schule reflektieren. Manchmal äußern Lehrkräfte den Wunsch, den lösungsorientierten Modus auch im Schulalltag zu implementieren.

Weiterarbeit mit den Ergebnissen:
Ausgehend vom Brainstorming der Lösungsparty werden die Ergebnislisten gesichtet und geclustert. Nun sollte entschieden werden, welche Lösungsschritte geeignet sind und weiterverfolgt werden sollen.

Die in der Lösungsparty genutzte Vorgehensweise nutzt die Selbstorganisation von Individuen, Gruppen und Institutionen. Mit der expliziten und regelgeleiteten Unterscheidung zwischen Problem und Lösung werden zugrundeliegende Ordnungsprinzipien beobachtbar und veränderbar. Nicht zuletzt erleben sich die beteiligten Personen mit einer entstandenen Wahlmöglichkeit zwischen Problem und Lösung als selbstwirksam. Sie können und werden zukünftig die jeweils passende Strategie einsetzen. So kann eine Intervention mit der Dauer von lediglich 60 Minuten eine große Wirkung innerhalb eines Kollegiums entfalten.

Arbeit mit »Evolving Cases« in Großgruppen

Systemische Beratung an inklusiven Schulen lässt sich auch aus Eigenmitteln organisationsintern organisieren. Eine bekannte Vorgehensweise ist die Kollegiale Fallberatung mit »Evolving Cases« in Anlehnung an Philipp und Rolff (2006). Das Besondere dieser Beratungsmethodik ist, dass aus dem Wechselspiel zwischen Fallschilderung und Gruppenberatung eine Prozessdynamik entsteht, die vielfältige Lösungswege beinhaltet. Davon profitieren nicht nur die Fallgeber:innen, sondern ein gesamtes Kollegium, welches am konkreten Fall unterschiedliche Perspektiven und Lösungswege erkundet. Nicht zuletzt entwickelt sich aus dieser Arbeit eine wachsende Bereitschaft zur kollegialen Unterstützung. Empfehlenswert ist insbesondere die Beteiligung der Schulleitung, da auch deren Perspektive in die Fallbearbeitung einbezogen wird.

Im Ablauf werden zunächst ratsuchende Personen bzw. Fallgeber:innen ermittelt, die eine aktuelle schulische Problemlage zur Inklusion mit Beratungsbedarf anmelden. Hierzu gibt es je nach vorhandenem Zeitkontingent zwei Möglichkeiten:

- Entweder ermitteln jeweils zwei Kolleg:innen im Tandem einen Fall aus ihrer aktuellen Praxis, den sie optional zur Diskussion stellen. Das Gesamtkollegium entscheidet sich dann aus dem Pool aller genannten Fälle für einen der eingebrachten Fälle, z. B. nach individuell empfundener Dringlichkeit oder nach Abstimmungsmehrheit im Kollegium[4].
- Oder es wird bereits im Vorfeld ein Fall ermittelt, der bearbeitet werden soll. Nach Möglichkeit sollen auch hierbei zwei Fallgeber:innen den Fall als Tandem gemeinsam einbringen.

Der Fall wird im Plenum erzählt und an einer Stelle unterbrochen, die noch nicht die Entscheidungssituation bzw. den Beratungsbedarf beinhaltet. In der nun folgenden ersten Beratungsphase bilden sich im Kollegium Kleingruppen von fünf bis acht Personen, die sich mit der möglichen Fortsetzung des Falles beschäftigen.

Erste Beratungsphase:
Fallerkundung und Perspektivenwechsel
Es werden verschiedene Perspektiven auf den Fall erkundet: aus Perspektive der Fallgeber:innen (gerne beide Perspektiven voneinander unterscheiden, z. B. auf einer roten und einer gelben Moderationskarte), aus Perspektive der Schulleitung (z. B. auf einer weißen Moderationskarte) und aus Perspektive weiterer Betroffener (z. B. auf

---

4 Hierfür bietet sich z. B. die TED-Methode an: Alle Teilnehmer:innen erhalten einen Streifen Papier (DIN A4 Blatt längs geteilt). Je nach individueller Einschätzung markieren die Teilnehmer:innen auf ihren Papierstreifen Abschnitte für die zur Auswahl stehenden Themen und schneiden ihren Papierstreifen entsprechend ab. Dabei gilt: Welches Thema möchte ich bearbeiten? So kann man z. B. den ganzen Streifen für ein Thema oder kleine Streifenstücke für verschiedenen Themen wählen. Die Stücke der Teilnehmer:innen werden dann auf dem Boden zu den jeweiligen Themen aneinandergereiht. Anhand der Länge des Streifens für das jeweilige Thema wird der mehrheitliche Wunsch der Bearbeitung eines Themas deutlich.

einer blauen Moderationskarte). Im Plenum berichten die Gruppen anschließend, welche Fallentwicklungen sie antizipiert haben. Die Fallgeber:innen stellen Nachfragen an die Kleingruppen hinsichtlich dieser Vermutungen. Sie geben aber die tatsächliche Entwicklung noch nicht preis. Erst im Anschluss an die Berichte aus allen Gruppen erfahren diese von den Fallgeber:innen, wie sich der Fall tatsächlich weiterentwickelt hat. Dann erfolgt die nächste Unterbrechung der Fallerzählung.

Zweite Beratungsphase:
Vorschläge der Gruppen zum weiteren Vorgehen

Die Kleingruppen erarbeiten nun Vorschläge zum weiteren Vorgehen für die Fallgeber:innen. Die Vorschläge werden nach den o. g. Farben an die einbezogenen Personen adressiert. Wieder werden im Plenum alle Ergebnisse der Kleingruppen präsentiert. Die Fallgeber:innen haben ausreichend Zeit für Nachfragen, abschließend fassen sie den Ertrag der Beratungsphase zusammen. Hier ist darauf zu achten, dass die Vorschläge nicht bewertet werden (gut oder weniger gut), sondern ausgesagt wird, welche Aspekte Bewegung in den Fall gebracht haben und wo aktuelle Wege der Weiterarbeit gefunden wurden.

Am Ende

Inklusion als Komparativ

Vor dem Hintergrund der in diesem Buch skizzierten Möglichkeiten systemischer Beratung im Kontext von Inklusion erscheint Inklusion weniger als ein zu erreichendes bzw. erreichbares Ziel, sondern vielmehr als Prozess der Vermehrung von Teilhabemöglichkeiten. Da die Barrieren, die Teilhabe verhindern, komplex und in Wechselwirkungen eingebettet sind, bietet ein systemischer Beratungsansatz ein umfassendes Repertoire an Zugängen und nutzt vielfältige Möglichkeiten, vorhandene Barrieren innerhalb von organisatorischen Abläufen, aber auch in Kommunikations- und Denkmustern im Sinne der Inklusion zu verändern. In dem Bemühen um eine inklusionsorientierte Prozessgestaltung hin zu mehr Teilhabe liegt das Potential, eine zunehmend inklusive Gesellschaft zu schaffen.

Inklusion verfolgt einen Anspruch, ohne ihn (schon) erfüllt zu haben. Sich in diesem Spannungsfeld zu bewegen bedeutet, eine akzeptierende Haltung gegenüber unterschiedlichen teilweise auch divergierenden Lebens- und Sichtweisen aufzubauen. Diese akzeptierende Haltung lässt sich als »Dialektik der Ambivalenz« bezeichnen: Anstatt des Anstrebens von Eindeutigkeit wird eine Ethik der Differenzachtung gefordert (Kleve, 2011). Entlang dieser Überlegungen wäre eine Gesellschaft mehr oder eben auch weniger inklusiv zu nennen, je nachdem, inwieweit sie die Ansprüche der Inklusion erfüllt.

Dabei lassen sich folgende Leitfragen stellen:
- Inwiefern werden statt der Zuschreibung feststehender Eigenschaften und individueller Defizite flexible Konstruktionen und Interaktionen mitbedacht, welche Verhaltensweisen und Probleme in ein systemisches Verständnis einbetten?
- Inwiefern werden lineare Denkrichtungen in Wechselwirkungen eingebettet, so dass aus vielfältigen Problembeschreibungen vielfältige Lösungsrichtungen entstehen?
- Inwiefern wird ein Blick auf Einzelelemente durch Beobachtungen zweiter Ordnung erweitert, so dass Beziehungen zwischen Elementen und damit ein ganzheitlicheres Verständnis eines Themenkomplexes entsteht?
- Inwiefern werden statt der Fixierung auf problematische Themen und Inhalte auch die damit verbundenen Regelhaftigkeiten und Muster beobachtet, so dass Umdeutungen und Musterunterbrechungen möglich sind?

Inklusiv(er)e Gesellschaften berücksichtigen Interaktionen und Relationen stärker als menschliche Einzeleigenschaften und (Problem-)Zuschreibungen

Störungen, Probleme und Interventionsanlässe lassen sich demnach im Sinne der Inklusion als interaktionales Geschehen interpretieren und weniger als Wesensmerkmal einer einzelnen Person (siehe auch von v. Schlippe u. Schweitzer, 2012).

Wie oben beschrieben sieht Frau Beyer die Beschulung von Kindern mit sonderpädagogischen Unterstützungsbedarfen als problematisch an und bezeichnet diese als »Problemkinder«. Mithilfe systemischer Beratungsangebote verändert sie diese Sichtweise hin zu einem systemischen und damit inklusiveren Verständnis, welches auch dem ICF entspricht. Wertschätzende Beschreibungen der schulischen Ausgangsbedingungen und die Suche nach konstruktiven Beiträgen von Lehrkräften und Eltern lassen die identifizierten Probleme in den Hintergrund und innerschulische Ressourcen in den Vordergrund treten.

Inklusiv(er)e Gesellschaften berücksichtigen Kontexte und Wechselwirkungen stärker als lineare Denkrichtungen

Ein Abrücken von eindimensionalen Ursache-Wirkungs-Zuschreibungen mündet letztlich in eine stärkere Berücksichtigung von Kontexten und Wechselwirkungen. So bietet der ICF die Möglichkeit, auch die Beobachtungsposition in das Modell einzubeziehen, d. h. sich selbst als Fachkraft als Teil des Problemsystems zu definieren.

Im Beispiel von Herrn Kunert entsteht mit dem Einbezug unterschiedlicher Sichtweisen ein komplexes Bild von Erwartungen und Erwartungserwartungen. Für ihn selbst ist diese Erkenntnis entlastend und er kann sich gegenüber den identifizierten Aufträgen im Auftragskarussell neu positionieren. Frau Beyer hilft es, nicht mehr nur die Hindernisse bei der Umsetzung von Inklusion in den Blick zu nehmen. Sie gewinnt eine neue Perspektive auf die Gesamtsituation und kann erkennen, wie eine Ursache-Wirkungs-Zuschreibung durch versteckte Gewinne stabil gehalten wird. Im komplexeren Gesamtbild kann sie ihre Aufgabe neu definieren und daraus für sich und die Schulentwicklung Handlungsmöglichkeiten generieren.

Inklusiv(er)e Gesellschaften berücksichtigen Beziehungsstrukturen zwischen Systemelementen stärker als Einzelelemente

Wie oben ausgeführt, erschweren Rekontextualisierungstendenzen in Organisationen die Beobachtung von Beziehungsstrukturen, da diese in gewohnte Abläufe eingebunden sind. Ein verdeckter Gewinn mag in der Beibehaltung vorhandener Routinen und Lösungsstrategien trotz neu hinzugekommener Aufgaben bestehen. Doch, wie das Beispiel Frau Beyer zeigt, ist auf diese Weise eine Überforderung der beteiligten Akteur:innen wahrscheinlich. Mit inklusiver(er) Schulentwicklung als U-Prozess, der Orientierung an Gesundheitskonzepten und dem Einbezug vielfältiger Perspektiven wie in der Arbeit an »Evolving Cases« entstehen Möglichkeiten der Entwicklung von Organisationen im Gesamtzusammenhang.

Inklusiv(er)e Gesellschaften beobachten Regeln und Muster stärker als die als problematisch konnotierten Themen

Wenn eine »Problemtrance« rund um die als problematisch erachteten Themen verlassen wird, lassen sich Umdeutungen und Musterunterbrechungen etablieren. So ist die Rückbesinnung auf die gemeinsame Schulentwicklung bei Herrn Kunert eine neue Richtung, die auch die Selbstsorge in Anbetracht bereits etablierter Belastungen zulässt. Andere Beispiele zur Umsetzung von Inklusion machen deutlich, dass eine Umdeutung (Reframing) des Unterstützungsbedarfes von Schüler:innen zum Unterstützungsbedarf von Lehrkräften im Inklusionsprozess hilfreich sein kann. Und nicht zuletzt weisen Methoden wie die Lösungsparty darauf hin, dass sich in der ansatzweise bereits erfolgten Umsetzung von Inklusion weitere Lösungsrichtungen ergeben.

Literatur

Aichele, V., Kroworsch, S. (2017). Inklusive Bildung ist ein Menschenrecht: Warum es die inklusive Schule für alle geben muss. (Position Nr. 10). Berlin: Deutsches Institut für Menschenrechte. chrome-extension://efaidnbmnnnibpcajpcglclefindmkaj/viewer.html?pdfurl=https%3A%2F%2Fwww.institut-fuer-menschenrechte.de%2Ffileadmin%2Fuser_upload%2FPublikationen%2FPOSITION%2FPosition_10_Inklusive_Bildung_bf.pdf&clen=62298&chunk=true (Zugriff am 09.12.2020).

Amrhein, B. (2011). Inklusion in der Sekundarstufe. Eine empirische Analyse. Bad Heilbrunn: Klinkhardt.

Amrhein, B., Badstieber, B., Janzen, O., Wotschel, P. (2018). Abschlussbericht zum Vorhaben »Mit Schulleitung gesunde, inklusive Schule gestalten«. https://www.dguv.de/projektdatenbank/0369/amrhein-badstieberdguv_ff_fp_0369_19.12.2018.pdf (Zugriff am 13.09.2021).

Antonovsky, A. (1997). Salutogenese. Zur Entmystifizierung der Gesundheit. Tübingen: dgvt-Verlag.

Badstieber, B., Amrhein, B., Oerke, B., Waschke, L. (2017). Perspektiven von und auf Schulleitungen im Kontext aktueller inklusionsorientierter Schulentwicklungsprozesse. In: Sonderpädagogische Förderung heute, H. 2, S. 180–194.

Budde, J., Hummrich, M. (2015). Inklusion aus erziehungswissenschaftlicher Perspektive. In: Erziehungswissenschaft 26, H. 51, S. 33–41.

Budde, J., Blasse, N., Johannsen, S. (2017). Praxistheoretische Inklusionsforschung im Schulunterricht. Zeitschrift Für Inklusion, (4). www.inklusion-online.net/index.php/inklusion-online/article/view/358 (Zugriff am 02.03.2020).

Booth, T., Ainscow, M. (2002). Index for Inclusion. Developing Learning and Participation in Schools. Centre for Studies on Inclusive Education. www.eenet.org.uk/resources/docs/Index%20English.pdf (Zugriff am 10.11.2015).

Daimler R. (2008). Basics der Systemischen Strukturaufstellungen, eine Anleitung für Einsteiger und Fortgeschrittene (mit Beiträgen von Sparrer, I. u. Varga von Kibéd, M.). München: Kösel.

Dederich, M. (2013). Ethische Aspekte von Inklusion. www.inklusionlexikon.de/Ethik_Dederich.pdf (Zugriff am 02.03.2020).

Doppler, K., Lauterburg, C. (2012). Change Management. Den Unternehmenswandel gestalten. 14. aktualisierte Auflage, Frankfurt: Campus.

Erbring, S. (2014). Inklusion ressourcenorientiert umsetzen. Heidelberg: Carl-Auer.

Erbring, S. (2015). Inklusive Schulentwicklung ressourcenorientiert gestalten. In: Pädagogik, H. 12, S. 8–12.

Erbring, S. (2016). Einführung in die inklusive Schulentwicklung. Heidelberg: Carl-Auer.

Erbring, S. (2021a). Utopie einer inklusiven Gesellschaft. In: Fischer, J.; Tuider, E. (Hrsg.): Sozialer Zusammenhalt. Weinheim, Basel: Beltz Juventa, S. 187–200.

Erbring, S. (2021b). Selbsthilfe für inklusive Schulen. Praxisbewährte Lösungen. Stuttgart: Kohlhammer.

Hinz, A. (2002). Von der Integration zur Inklusion – terminologisches Spiel oder konzeptionelle Weiterentwicklung? In: Zeitschrift für Heilpädagogik 53, S. 354–361.

Hinz, A. (2013). Inklusion – von der Unkenntnis zur Unkenntlichkeit!? – Kritische Anmerkungen zu einem Jahrzehnt Diskurs über schulische Inklusion in Deutschland. In: Zeitschrift für Inklusion, H. 1. www.inklusion-online.net/index.php/inklusion/index (Zugriff am 02.03.2020).

Kleve, H. (2011). Aufgestellte Unterschiede. Systemische Aufstellung und Tetralemma in der Sozialen Arbeit. Heidelberg: Carl Auer.

Luhmann, N. (1999). Soziale Systeme. Grundriß einer allgemeinen Theorie. 7. Auflage, Frankfurt am Main: Suhrkamp.

Philipp, E., Rolff, H.-G. (2006). Schulprogramme und Leitbilder entwickeln. Ein Arbeitsbuch. Weinheim, Basel: Beltz.

Prengel, A. (1993). Pädagogik der Vielfalt. Verschiedenheit und Gleichberechtigung in Interkultureller, Feministischer und Integrativer Pädagogik. Opladen: Leske und Budrich.

Sander, A. (2002). Von der integrativen zur inklusiven Bildung. Internationaler Stand und Konsequenzen für die sonderpädagogische Förderung in Deutschland. In: Hausotter, A., Boppel, W., Meschenmoser, H. (Hrsg.): Perspektiven Sonderpädagogischer Förderung in Deutschland. Dokumentation der Nationalen Fachtagung vom 14.-16. November 2001 in Schwerin. Middelfart (DK), European Agency etc. S. 143–164.

Scharmer, O. (2018). The Essentials of Theory U. Core Principles and Applications. Oakland CA: Berrett-Koehler Publishers.

Schlippe, A. v., Jansen, T. (2020). Das Erwartungskarussell als Instrument zur Klärung komplexer Situationen im Coaching – vorgestellt am Beispiel der Nachfolge im Familienunternehmen. Konfliktdynamik 9 (2), S. 125–131.

Schlippe, A. von, Schweitzer, J. (2012). Lehrbuch der systemischen Therapie und Beratung I: Die Grundlagen. Vandenhoeck und Ruprecht: Göttingen.

Schlippe, A. v., Schweitzer, J. (2017). Systemische Interventionen.(3. Aufl.). Göttingen: Vandenhoeck & Ruprecht.

Schmidt, G. (2005). Einführung in die hypnosystemische Therapie und Beratung. Heidelberg: Carl-Auer.

Schulz von Thun, Friedemann (2014). Das Innere Team und situationsgerechte Kommunikation. Reinbek: Rowohlt.

Simon, F. B. (2013). Einführung in die systemische Organisationstheorie. Heidelberg: Carl-Auer.

Sparrer, I. (2004). Wunder, Lösung und System. Lösungsfokussierte Systemische Strukturaufstellungen für Therapie und Organisationsberatung. Heidelberg: Carl-Auer.

Stähling, R., Wenders, B. (2009): Ungehorsam im Schuldienst. Der praktische Weg zu einer Schule für alle. Grundlagen der Schulpädagogik Band 66. Hohengehren: Schneider Verlag.

Stichweh, R. (2005). Inklusion und Exklusion. Studien zur Gesellschaftstheorie. Bielefeld: transcript.

United Nations (2006). Conventions on the rights of persons with disabilities. www.un.org/esa/socdev/enable/rights/convtexte.htm (Zugriff am 28.01.2022).

World Health Organization (WHO) (2013). International Classification of Functioning, Disability and Health (ICF). www.who.int/classifications/icf/en/ (Zugriff am 16.5.2015).

Zech, R. (2013). Organisation, Individuum, Beratung. Systemtheoretische Reflexionen. Göttingen: Vandenhoeck und Ruprecht.

Zwack, J., Bossmann, U. (2017). Wege aus beruflichen Zwickmühlen. Navigieren im Dilemma. Göttingen: Vandenhoeck & Ruprecht.

Materialien zum Thema Inklusion

Filme:
- Berg Fidel – Eine Schule für alle. (2011). Regie u. Drehbuch: Hella Wenders; Deutschland: Deutschen Film- und Fernsehakademie Berlin. Mit Material von Aktion Mensch.
- Klassenleben. (2005). Regie, Drehbuch u. Produktion: Hubertus Siegert; Deutschland. Material zum Film verfügbar bei der Bundeszentrale für politische Aufklärung: https://www.bpb.de/publikationen/2N2D6R,0,Klassenleben.html
- Die Kinder der Utopie (2019). Regie, Drehbuch u. Produktion: Hubertus Siegert; Deutschland. https://www.diekinderderutopie.de/

Internetseiten:
- Inklusion einfach erklärt. https://www.youtube.com/watch?v=CO-Jyb3D_JjA
- Orte mit Behinderung: https://www.youtube.com/c/AktionMensch
- NRW Bündnis »Eine Schule für alle« https://www.nrw-eineschule.de/node/5
- Elternvereinigung mittendrin e. V. https://www.mittendrin-koeln.de
- https://www.bildungsserver.de/inklusive-schule-beispiele-aus-der-praxis-11010-de.html
- https://inklusionsfakten.de/

Die Autorin

Prof. Dr. Saskia Erbring ist Professorin für Beratung in der Sozialen Arbeit an der Fachhochschule Erfurt. In freiberuflicher Tätigkeit als Supervisorin (M. A.) und Sonderpädagogin mit einer Praxis in Köln verbindet sie seit vielen Jahren erfolgreich systemisch-konstruktivistische Ansätze der Beratung und Organisationsentwicklung mit Zielsetzungen der Inklusion und Teilhabe. Das Repertoire ihrer  Veranstaltungen umfasst Beratungsangebote für Einzelpersonen, Gruppen und Teams in Bildungseinrichtungen, insbesondere im Kontext von Schule z. B. für Steuergruppen, Schulleitungen, Bezirksregierungen, Schulämter. In (über-)regionalen Weiterbildungen und Großveranstaltungen liegen thematische Schwerpunkte in der Teilhabeorientierung, in der Gesundheitsförderung bzw. im Gesundheitsmanagement und in der Teamentwicklung. In den Veranstaltungen kommen systemische lösungs- und ressourcenorientierte Ansätze zu Einsatz, die unter Berücksichtigung von Hindernissen und Schwierigkeiten auf die spezifische Ausgangssituation hin adaptiert werden. In zahlreichen, auch internationalen Veröffentlichungen werden regelmäßig die Erkenntnisse aus eigener Forschung zur Teilhabe und Inklusion als Implementierungshilfen für das Praxisfeld handhabbar gemacht.

Kontakt für Veranstaltungen:
www.praxis-erbring.com
E-Mail: mail@praxis-erbring.com

Liste aktueller Publikationen:
https://www.fh-erfurt.de/personenverzeichnis/erbring-saskia